XINSHIDAI QIYEJIA
LINGDAOLI LILUN YU SHIJIAN YANJIU

新时代企业家
领导力理论与实践研究

谭智颖 ◎ 著

企业管理出版社
EMPH ENTERPRISE MANAGEMENT PUBLISHING HOUSE

图书在版编目（CIP）数据

新时代企业家领导力理论与实践研究 / 谭智颖著 . —北京：企业管理出版社，2024.4
ISBN 978-7-5164-3049-1

Ⅰ.①新… Ⅱ.①谭… Ⅲ.①企业领导学 Ⅳ.① F272.91

中国国家版本馆 CIP 数据核字（2024）第 068701 号

书　　名：	新时代企业家领导力理论与实践研究
书　　号：	ISBN 978-7-5164-3049-1
作　　者：	谭智颖
策　　划：	赵喜勤
责任编辑：	赵喜勤
出版发行：	企业管理出版社
经　　销：	新华书店
地　　址：	北京市海淀区紫竹院南路 17 号　　邮编：100048
网　　址：	http：//www.emph.cn　　电子信箱：zhaoxq13@163.com
电　　话：	编辑部 010-68420309　　　发行部（010）68701816
印　　刷：	北京厚诚则铭印刷科技有限公司
版　　次：	2024 年 6 月第 1 版
印　　次：	2024 年 6 月第 1 次印刷
开　　本：	710mm×1000mm　　1/16
印　　张：	11.5 印张
字　　数：	178 千字
定　　价：	68.00 元

版权所有　　翻印必究·印装有误　　负责调换

前　言

中华民族拥有5000多年的璀璨文明史，各族人民在中华大地上繁衍生息，世代赓续，源远流长，使中国成为当今世界史上唯一一个文明没有中断过的古国。春秋战国时期的百家争鸣，铸就了辉煌灿烂的思想和文化，成为中华文明的坚固基石。跨越千年的丝绸之路，促进了中西方的文明交流与经济繁荣，彰显了文明古国的世界经济地位。当今中国力求重塑丝绸之路的辉煌，推进"一带一路"建设，实现中华民族伟大复兴。习近平总书记指出："中国有坚定的道路自信、理论自信、制度自信，其本质是建立在5000多年文明传承基础上的文化自信。"

中国的商业文明应该与文化文明一样璀璨光辉，是中华文明的重要组成部分。文化文明在浩如烟海的经典古籍里体现得淋漓尽致，灿烂的文化孕育出孔子、老子、墨子等灿若星辰的思想家、教育家与文人墨客。然而，与文化文明相比，史书中对推动商业文明发展的群体的记载简直就是寥若晨星。在中国史书中唯一对商业活动者有详细描述的巨著是西汉史学家司马迁的《史记·货殖列传》，这也是中国最早的经济史著作，记载了2500多年前春秋战国时期的范蠡、子贡、吕不韦等这样的富商巨贾。后来北宋大臣、史学家司马光主编的另一部中国史学巨著《资治通鉴》，对商人和商业活动也有记载，但没有像《史记·货殖列传》那样专门作列传叙述。在商业文明漫长的发展历程中，商业活动的主要群体商人和企业家扮演了什么角色？这两者是怎样产生的？他们之间有什么关系？什么是企业家？什么是企业家精神？什么是领导力？什么是企业家领导力？……这些疑问正是本书需要探索的内容。

斗转星移，1978年，中国开始实行改革开放，万物逢春，文明古国在历史的长河中再次焕发新的生机。经过30多年的奋斗，中国经济得到了快速发展，2010年，中国成为世界第二大经济体，在世界经济发展史上创造了奇迹。在中华民族漫长的历史演变过程中，商人对经济与社会的发展具有不可替代的贡献，不管是在跨越东西方的丝绸之路上穿梭不息的驼队，还是冒着生命危险长年在崇山峻岭间的小道上奔走的马帮，都留下了他们艰难探索的脚印和他们走出来的茶马古道，甚至是生命；还有在波涛汹涌的大海里乘风破浪的贸易船帮，以及在改革开放后纵横捭阖的企业家们，古老的中华大地上处处留下了他们的身影。正是一代又一代的商业活动者不断地耕耘与传承，使中国数千年的商业文明生生不息。

目前全球的政治经济秩序已经发生了深刻的变化。当今世界正经历百年未有之大变局，霸权主义、种族主义、单边主义和贸易保护主义抬头，中美贸易摩擦、新冠疫情、俄乌冲突和巴以冲突等世纪性事件的爆发，多重叠加因素加速了世界政治经济格局的重构，甚至将会发生翻天覆地的变化。国家之间的正常经贸秩序遭到破坏，全球的供应链和产业链面临巨大的挑战，各行各业都受到严重的影响。企业的外部环境变得风云莫测，企业生存压力增大。

在全球正经历百年未有之大变局之际，外部不确定因素陡然增加，使企业家面临更大的挑战。这对企业家经营管理企业的能力提出了更高的要求。本书的贡献在于通过对企业家领导力三角模型理论的实践研究，理论与实践相结合，为提升企业家领导力提供具有参考价值的指引。目前有关企业家素质能力方面的研究文献和资料，主要是从企业家精神或企业家某几方面的能力去阐释企业家的素质，鲜有人从企业家领导力三角模型的角度去研究。企业家领导力三角模型构成要素具有一定的准确性、全面性、系统性和有效性，所以其具有一定的理论意义和实用性，具有推广应用的价值。

企业家不仅决定了企业的生存与发展，而且对社会的经济发展起促进作用。企业家领导力影响他们对企业和社会所发挥的作用。因此，本书的主要研究目的，一是让人们了解企业家在中国商业文明发展中的演变历程；二是探索中西方领导力理论的发展状况，以便将中西方领导力理论融会贯通，构建符合中国实际情况的企业家领导力模型。

本书的内容分为五章。

前言

第一章，企业家的发展历史。企业家群体已经成为一个重要的研究领域，因此我们有必要对"企业家"一词的出现及企业家的特征、分类、定义等进行梳理。企业家在社会中是一个举足轻重的经商群体，探索企业家的起源和社会地位变迁具有重要的意义。

第二章，企业家领导力理论阐述。不论是对于个人还是组织，领导力都是成功的一个关键因素。因此，探索领导力理论的发展对于研究企业家有重要的意义。本章分析了中西方在领导力理论方面的研究成果，以及西方领导力理论在中国的应用情况和领导力的培养；阐述了企业家领导力的概念，分析了中国企业家领导力模型的构成要素。

第三章，企业家精神。企业家精神主要指企业家的意识形态、价值观、思维方式和心理状态，也包括道德品质，如诚实、正直、责任心等。企业家精神是企业家行为的指引，也是企业家自身素质的一个构成部分。站在不同的角度，对企业家精神的理解也有所不同。由于中西方文化与制度的差异，中西方对于企业家精神的解读也存在不同。不同的历史时期、不同的社会环境、不同的国家和地区、不同的企业，对企业家精神有着不同的要求。新时代企业家精神包括冒险精神、创新精神、敬业精神、诚信精神、责任心和爱国主义精神。

第四章，企业家领导力的构成要素。本章在综合领导力模型的基础上，将领导力划分为管理商 (MQ)、智商 (IQ) 和情商 (EQ) 三部分，并结合中国企业家的情况对原来各部分的构成要素重新构建。管理商主要包括组织能力、沟通能力、发展他人、行动能力和控制能力。企业家的智商主要表现在战略眼光、决策能力、创新能力、应变能力、悟性和学习能力等方面。企业家的情商包括自我意识和自我管理两方面。

第五章，健康商数。健康是个人工作和生活能够正常进行的基本保障。健康商数 (HQ) 是指一个人已具备和应具备的健康意识、健康知识和健康能力。健康商数影响企业家对企业的经营管理成效。在企业家领导力三角模型理论中，企业家的身心健康状况会对企业家精神和企业家领导力两个因素的效能发挥产生影响。企业家自身的健康状况不仅仅是个人的问题，对于家庭和企业发展也十分重要。企业家的健康状况既影响企业的发展命运，也影响企业家创业。

书中难免存在不足之处，敬请见谅并斧正！衷心感谢阅读本书的各界人士！

谭智颖

目 录

第一章　企业家的发展历史 … 1

一、什么是企业家 … 1
　（一）企业家是重要的研究领域 … 1
　（二）企业家的定义诠释 … 5

二、企业家的起源 … 11
　（一）最初的商贸方式——"以物易物" … 11
　（二）中国商业史上有关商人的称谓 … 13
　（三）企业家产生的时间 … 14
　（四）企业家社会地位的变迁 … 15
　　1. "重农抑商"政策对商人的影响 … 15
　　2. 改革开放后政府对私有制经济的重视 … 20
　（五）企业家是商业文明的创造者 … 21

第二章　企业家领导力理论阐述 … 23

一、领导力理论 … 23
　（一）领导力的定义 … 23
　（二）领导力理论的研究成果 … 26
　（三）西方领导力理论与实践经验在中国的应用 … 34
　（四）领导力的培养 … 35

二、企业家领导力的定义 ·· 37

三、企业家领导力模型的构成要素 ····································· 40

四、企业家领导力与公司治理体系和治理能力 ················· 42

第三章 企业家精神 ·· 47

一、定义 ··· 47

（一）对企业家精神的解读 ·· 47

（二）中国古代企业家精神的传承 ·· 50

1. 王亥 ·· 50

2. 范蠡 ·· 52

3. 子贡 ·· 54

4. 白圭 ·· 55

（三）新时代下企业家精神的新内涵 ·· 57

二、企业家精神的构成要素 ··· 58

（一）冒险精神 ·· 58

1. 企业外部的冒险精神 ·· 59

2. 企业内部的冒险精神 ·· 62

（二）创新精神 ·· 62

1. 技术与产品创新 ·· 63

2. 营销创新 ·· 64

3. 管理创新 ·· 65

（三）敬业精神 ·· 67

（四）诚信精神 ·· 72

（五）责任心 ·· 74

（六）爱国主义精神 ·· 79

第四章　企业家领导力的构成要素 ………………… 82

一、管理商（MQ） ………………………………… 82

（一）组织能力 ……………………………… 82
（二）善于沟通 ……………………………… 86
　　1. 企业家对外部的沟通 …………………… 87
　　2. 企业家对内部的沟通 …………………… 89
（三）发展他人 ……………………………… 91
（四）行动能力 ……………………………… 103
　　1. 管理革命 ………………………………… 104
　　2. 技术与产品创新行动 …………………… 105
（五）控制能力 ……………………………… 106
　　1. 对企业股权的控制 ……………………… 107
　　2. 对企业发展战略的控制 ………………… 113
　　3. 企业内部管理的控制 …………………… 117

二、智商（IQ） …………………………………… 120

（一）战略眼光 ……………………………… 120
（二）决策能力 ……………………………… 126
（三）创新能力 ……………………………… 134
（四）应变能力 ……………………………… 138
（五）悟性 …………………………………… 147
（六）学习能力 ……………………………… 151

三、情商（EQ） …………………………………… 157

（一）自我意识 ……………………………… 159
（二）自我管理 ……………………………… 161

第五章　健康商数 ··· 163

　　一、健康商数的内涵 ································ 163

　　二、健康商数与企业家 ···························· 165

　　　　（一）企业家健康商数与企业发展 ·· 166

　　　　（二）企业家健康商数与企业家创业 ···································· 170

参考文献 ··· 172

后记 ··· 173

第一章 企业家的发展历史

"企业家"这一概念自从出现后就不断地被探索研究。随着社会的发展，关于企业家内涵的诠释也日益丰富。这主要是因为企业家这一群体为社会做出了不可替代的贡献。无论是对于社会的经济贡献还是对于企业的发展壮大，企业家都是一个关键的决定因素。作为社会中的一个经商群体，企业家在中国几千年的历史演变过程中是如何产生与发展的？这一群体在商业文明的历史长河中又扮演着什么角色、起着什么作用？我们首先沿着商业文明的历史足迹追根溯源，去寻找这些问题的答案。

一、什么是企业家

企业家群体已经成为一个重要的研究领域，因此我们有必要对"企业家"一词的出现以及企业家的特征、分类、定义等进行梳理。

（一）企业家是重要的研究领域

企业家对社会有着巨大的影响力，对企业的兴衰成败也有决定性的作用。纵观古今中外，无论是在社会发展方面，还是在经济贡献方面，甚至是在政治方面，企业家都有着不同程度的影响，而且这种影响在当今日趋明显。如果忽视企业家，我们将无法对历史上的经济增长做出充分的解释。我们可以从以下数据看出企业家对经济的贡献。

改革开放后，民营经济成了中国经济的重要组成部分。根据原国家工商行政管理总局公布的信息，在"大众创业、万众创新""商事制度改革""多证合一"等有利政策措施的激励下，2017年上半年，全国新登记市场主体887万户，同比增长13.2%，平均每天新设4.9万户；新登记企业291.1万户，同比增长11.1%，平均每天新设1.6万户；新登记个体工商户580.9万户，同比增长14.8%，增长速度明显提升。2023年，根据国家统计局发布的《中华人民共和国2022年国民经济和社会发展统计公报》，全年新登记市场主体2908万户，日均新登记企业2.4万户，年末市场主体总数近1.7亿户。工业和信息化部在2023年6月15日举行的第十八届中国国际中小企业博览会和第二届中小企业国际合作高峰论坛新闻发布会上公布，截至2022年末，中国中小微企业数量已超过5200万户，比2018年末增长51%。2022年平均每天新设企业2.38万户，是2018年的1.3倍。自改革开放以来，中小企业得到了蓬勃发展，成为数量最大、最具活力的企业群体。这支经济发展的生力军正是由5000多万名企业家创立与组成的。中小企业规模虽小，但对国民经济和社会发展具有重要的意义。目前我国中小企业数量占全国企业总量的99.8%。中小企业创造的最终产品和服务价值占国内生产总值的60%左右，上缴税收约为国家税收总额的50%，提供了75%以上的城镇就业岗位。中国65%的专利、75%以上的技术创新、80%以上的新产品开发是由中小企业创造的。

企业家的贡献不仅体现在经济层面，还体现在人们的日常生活中，如汽车、火车和飞机的发明及其行业的发展。与企业家在技术上的创新息息相关的电脑和互联网的发展也对人们的工作和日常生活具有重要影响。因此，企业家的积极创新对提高人们的生活质量产生正面的影响。企业家对于企业的绩效和发展而言也是一个决定性的影响因素。企业家的影响因素体现在个人特征上，如年龄、受教育水平、经验、社交能力、财务状况、实操技能、家庭历史、性别等方面。

基于以上对企业家影响力的陈述，可见"企业家"已成为一个具有吸引力的、重要的研究领域。1946年，美籍奥地利政治经济学家约瑟夫·熊彼特在哈佛大学任教时与亚瑟·科尔创办了企业家史研究中心，并在第二年开设了可能是美国的第一门企业家精神课程。目前已有1600多所院校开设了2200多门与企业家精神相关的课程，全球有超过150个企业家精神研究中心（埃贝尔、林克，2023）。

事实上，企业家在中国史学和西方主流经济学中并未受到重视。在中国史学中，对商业活动者有详细描述的巨著只有西汉史学家司马迁的《史记·货殖列传》，这也是中国最早的经济史著作。后来北宋大臣、史学家司马光主编的另一部中国史学巨著《资治通鉴》，对商人和商业活动也有记载，但没有像《史记·货殖列传》那样专门作列传叙述。

司马迁所论述的货殖是指各种手工业，以及农、牧、渔、矿山、冶炼等行业，人们在各行各业中通过货物的生产与交换而进行商业活动，从中生财谋利而致富。他在《史记·太史公自序》中明确指出了编写《史记·货殖列传》的目的："布衣匹夫之人，不害于政，不妨百姓，取之于时而息财富，智者有采焉。作《货殖列传》。"

《史记·货殖列传》主要表达了司马迁的经济思想。首先，司马迁描述了当时中国各地的自然物产资源、商品特色和风土人情，认为各地之间可以互通有无，促进商业发展。他认为社会经济的发展具有客观性，社会分工也是必然的，是不以人的意志为转移的。"故待农而食之，虞而出之，工而成之，商而通之"。农民耕种粮食，虞人开采木材，工匠做成生活必需品，商人负责运输销售，各司其职。否则，社会上就会出现"农不出则乏其食，工不出则乏其事，商不出则三宝绝，虞不出则财匮少"的情况。所以，司马迁认为农业、手工、商业同样重要，不应该有偏颇，强调商业活动对社会发展的重要性，国家强盛离不开经济的发展，明确反对传统的重农抑商思想。其次，追求富裕是人之常情，"富者，人之性情，所不学而俱欲者也"。这表明追求富裕是人的本性所在，不需要经过学习。"礼生于有而废于无"，司马迁认为礼仪产生于富有而废弃于贫穷，人们富裕了会更懂得礼仪，喜欢行善积德。天子、诸侯和大夫官员都担心贫穷，何况普通老百姓！所以说："天下熙熙，皆为利来；天下攘攘，皆为利往"。在市场物资供需方面，如果商人受到损失，钱财就不能流通到社会。农民受到损害，田地就会出现没有人耕种而荒芜的境况，也就是"末病则财不出，农病则草不辟矣"。既然社会现实是这种状况，统治者就应该根据社会经济发展的实际情况，先让商人自由发展，然后根据需要通过引导、调节、教育或法规约束他们，国家不必强行干涉，与他们争利是下策。再次，发财致富的途径，贫穷或富有的形成，既没有人能给予，也没有人能剥夺，全凭自己的本事，只不过聪明的人能使财富有余，而愚蠢的人让财物不足，即"贫富之道，莫之夺予，而巧者有余，拙者不足"。人们先要懂得观察市场行情，"贵上极则反贱，贱下极则反贵。贵出如粪土，贱取如珠玉"。关于商品如何才能获利，即"物贱之征贵，贵之征贱"。这就是通过贩卖货物，低价进货，高价销售，贵卖贱买，赚取差价获利。"夫纤啬筋力，治生之正道也，而富者必用奇胜"。发财致富的正道除了精打细算和勤劳节俭之外，还需要出奇制胜。对获取财富的行业进行对比，靠从事农业生产而致富为上，靠从事工商业而致富次之，靠作奸犯科而致富是最低下的，"是故本富为上，末富次之，奸富最下"。对工作类别进行对比，务农的不如打工的，打工的不如经商的，"夫用贫求富，农不如工，工不如商"。但财富是动态的，发家致富并不总是依靠固定的行业，而财货也没有固定的主人，有本领的人能够集聚财货，没有本领的人则会破败家财。最后，该列传用较大篇幅描述了从春秋到汉代的富商大贾，包括范蠡、子贡、白圭、猗顿、乌氏倮、寡妇清、卓氏、程郑、孔氏、曹邴氏、刀间、师史、任氏、桥姚、田啬、田兰、韦家栗氏、杜氏等。这可以说是中国历史上的第一份富豪榜。司马迁描述了这些富商大贾的言论、经商之道、致富事迹和社会地位，还有他们所在地方的时代背景、生产概况、地方特产、经济发展和商业活动等。司马迁除了记述富商大贾的传奇致富事迹之外，还记载了一些在不引人关注的行业也能致富的人物，例如秦杨靠种田务农成为当地首富；行走叫卖的小商贩在当时被人认为是卑贱的，雍乐成却靠它发了财；卖水浆本来是小本生意，张氏靠它赚得盆满钵满，腰缠万贯；磨刀本是小手艺，而郅氏靠它富到列鼎而食，过上豪门贵族的奢侈生活；卖羊肚儿本是微不足道的事，而浊氏靠它富至出入都车马成行；给马治病是浅薄的兽医小术，而张里靠它富到鸣钟列鼎而食，过上富人的生活；贩卖油脂是低下的行业，雍伯却靠它挣到了千金。以上富商都是从事正当生意，走正道而发财致富的，司马迁都给予了肯定。然而，也有人走歪门邪道、违法乱纪发财的，比如田叔靠盗墓起家，桓发靠赌博致富，令人不齿。

在古代社会，商人是受歧视的，还要被历朝历代的统治者打击。商业活动也是长期受限制的。在这种情况下，司马迁依然作《史记·货殖列传》，专门为商人正名立传，在中国史学上实属罕见。因为正史里往往只有帝王将相与士大夫的位置，名不见经传的社会小人物是难以被载入史书的，更何况商人属于受排挤打击的群体。

西方主流经济学也没有对企业家有过多的描述，例如，亚当·斯密在其被誉为西方经济学界"圣经"的著作《国富论》中，只是在第六章"论商品价格的组成部分"中简单提到企业家所得利润的情况，同时该书把企业家和商人列为不同的并列群体。资产阶级的古典经济学代表人物大卫·李嘉图在他的代表著作《政治经济学及赋税原理》中，没有关于"企业家"这方面的任何论述。在曼昆的《经济学原理》中，"企业家"一词也仅出现过几次。《企业家精神理论史》中这样描述：由于新兴古典经济学的兴起使企业家从经济理论中消失。

造成上述现象的根源在于中西方传统文化对商人长期的歧视，造成社会上普遍存在"无商不奸"的错误认知，使人们认为商人都唯利是图，而没有对商人进行客观认识，并且这种偏见并没有因为社会的进步与发展而消除。但不管怎样，这都不能冲淡或掩盖企业家在人类发展史上对经济发展的重要贡献。

（二）企业家的定义诠释

"企业家"一词最早是在什么时候、在哪里出现的呢？人们普遍认为"企业家"（Entrepreneur）一词源自法语，到目前为止，对于这一观点还没有出现异议。至于最早是在什么时候出现的，人们对此却有不同的观点。一种观点认为最早出现在 17 世纪，如约翰内斯·伦格尔等；另一种观点认为最早出现在 18 世纪初期（中国的清朝），如布罗代尔等。到底哪一个观点是正确的，还有待进一步考证。无论"企业家"一词最早出现在 17 世纪还是 18 世纪，可以肯定的是，这一时期法国掀起了资产阶级革命浪潮，推动了资本主义的发展，同时也为企业家创造了有利的成长环境。

"企业家"一词在法语中最初的意思是指挥军事行动的人。后来这一概念的解释随着社会的发展而发生了演变。到了 18 世纪，法国社会科学家理查德·坎蒂隆是第一个在经济学著作中使用"Entrepreneur"一词的人,他将企业家定义为从一个地方以一定的价格购买商品,然后以不稳定的价格销售出去的人,简而言之,就是从事商品交易以获取利润的人。1800年,法国经济学家萨伊认为,企业家是将经济资源从一个生产力较低的领域转移到一个生产力较高和产能较大的领域的人。企业家是冒险家,是把土地、劳动、资本这三个生产要素结合在一起进行活动的第四个生产要素,他承担着可能破产的风险。换言之,企业家是通过开拓活动去改变一些方式而创造价值,如在技术、价格、原材料或地理位置方面。因此,企业家通过创新活动去寻找商机。戴维·兰德斯、乔尔·莫克和威廉·鲍莫尔(2016)认为,企业家就是那些能够敏锐洞察机会而主动从事某项经济活动,以增加自身财富、权力或声望的人。还有学者将企业家定义为:一个伴随不稳定回报而自雇的人;一个领导者、资源管理者和创新者;一个组织和管理一个以利润为目的而承担风险的企业的人;一个能够创立和经营一个创新的商业组织、以任务为导向和具有魅力的人。另外,查德·坎蒂隆则强调企业家的经济功能,而不是社会地位,认为不需要资本而能够成就自己的自我劳动的就是企业家,所以他除了认为农场主是企业家之外,还认为工人、画家、医生、律师等也是企业家,甚至将乞丐和强盗都认定为企业家,只要他们敢于冒险(埃贝尔、林克,2023)。奥地利经济学派的重要代表人物路德维希·冯·米塞斯(2015)将企业家与资本家、地主、工资赚取者列为单独的概念,并认为企业家、地主、资本家和工人的功能,常常为一个人所兼备,所以他认为地主、农夫与出卖技能和劳动力而获取工资的工人也是一个企业家。约瑟夫·熊彼特则持不同的观点,认为企业家是通过创新实现生产要素重新组合的人,其基本功能不同于资本家、地主、劳动者和发明家。亚当·斯密在《国富论》中也将企业家和商人列为不同的群体。埃贝尔和林克(2023)则更全面地从经济学文献中归纳出了企业家的12种身份:①承担与不确定性相关的风险的人;②提供金融资本的人;③创新者;④决策者;⑤行业领袖;⑥经理或主管;⑦经济资源的组织者和协调者;⑧企业的所有者;⑨生产要素的雇主;⑩承包商;⑪套利者;⑫资源在替代用途中的分配者。以上西方学者们对企业家的定义主要是从"是谁"和"做什么"两方面来阐释。

在中国，由于历史的原因，有关"企业家"定义的参考文献在 20 世纪 90 年代后才开始多起来，之前可谓极其稀少。"企业家"一词在中国第一次隆重出现，是在 1988 年举行的首届全国优秀企业家评选活动中。进入 2000 年之后，随着社会对企业家的关注度提高，关于企业家的新闻和相关研究文献资料也逐渐增多。国内对企业家的定义存在一种具有代表性的观点：企业家是在工业革命后出现的，是以获取利润为目的、承担财务风险并专职从事企业运营的组织者和领导者。丁栋虹（2015）认为企业家是参与企业组织和管理的具有企业家精神的人。先后执掌过华润集团、中粮集团、中化集团、中国化工集团 4 家"世界 500 强企业"的宁高宁认为，把小企业做大，把坏企业做好，能无中生有，能创造新企业出来，就是企业家。

有学者还将企业家进行了分门别类。威廉·鲍莫尔（2010）将企业家分为四类：①创新型企业家，即那些从事创新活动的个人，创新活动包括新的生产技术、新产品、新的营销手段和新的商业组织形式。②模仿型企业家，指那些把技术或者其他创新思想或生产过程从一个企业或地区扩散到另一个企业或地区的人，简而言之，就是模仿别人。③非生产型企业家，这类企业家的活动对真实的经济产出可能没有任何贡献。相比非生产型企业家而言，生产型企业家的活动是对经济的净产出或者生产额外产出能力有直接或间接贡献的活动。④寻租型企业家，这类企业家从事以寻求一个经济体中当前的或潜在的部分垄断利润为目的的活动，例如，通过法律、政策和监管部门采取对他有利的干预，行业垄断或红顶商人就是最好的说明，还有发放高利贷，甚至是通过暴力（包括战争）掠夺他人财产而发家致富的行为。这种活动不会给经济产量或生产率带来任何好处，反而会起到阻碍作用。寻租是一种利用资源为某些人或利益集团牟取利益，并给社会带来负价值的活动。

除了上述分类以外，中国企业家还可以从成员来源构成、精神素养和企业属性三个方面分类。首先是成员来源构成。改革开放后，中国企业家群体的成员来源构成主要分为五类：第一类是国有企业、集体企业或乡镇企业出身的企业家，比如海尔的张瑞敏等，这类群体集中出现在 20 世纪 80 年代；第二类是原来在政府部门、事业单位、国有企业、集体企业或乡镇企业的人员通过承包或辞职创业发展成企业家，比如福耀玻璃的曹德旺、华为的任正非、新东方的俞敏洪、比亚迪的王传福等，这类群体集中出现在 20 世纪 80 年代和 90 年代；第三类是农民出身的企业家，集中出现在 20 世纪 80 年代和 90 年代；第四类是出国留学后回国创业的企业家，比如搜狐的张朝阳、百度的李彦宏、创新工场的李开复、高瓴集团的张磊、美团的王兴、拼多多的黄峥等，这类群体集中出现在 20 世纪 90 年代末之后；第五类是外资企业和国内企业的人员辞职出来创业发展而成的企业家等，这类群体集中出现在 20 世纪 90 年代末之后。其次是从精神素养方面分类：一类是纯粹是为了谋利的套利型企业家，另一类是具有社会责任感和家国情怀的企业家。最后是从企业属性方面分类，分别是国有企业家和民营企业家。

根据以上论述，无论是从角色或行为上解释企业家，还是进行分门别类，都可以看出企业家有着共同的目的和显著的特征。"天下熙熙，皆为利来；天下攘攘，皆为利往"。企业家的共同目的就是盈利，通过商品买卖来赚取经济利润。但追求利润不是企业家的唯一目的，还有事业成功与梦想的实现、个人社会价值的体现等。他们的显著特征是企业家这个群体拥有独特的综合才能和活动能力。企业家的特征具体表现为敢于冒险、承担风险、锐意进取、内部控制、有自主性、创新、创造力、自信、现实性、坚强的毅力、时间管理、接受批评、心胸豁达、目标性强等。总的来说，在企业家的显著特征中，比较突出的关键要素有冒险、创新和承担风险。

冒险是企业家的首要显著特征，也是企业家必须具备的基本素质之一。为了实现盈利，他们不怕风险，敢为人先，凭着勇气、胆色和先知先觉去开拓未知的商业领域。这种冒险不仅存在盈利的机会，还存在亏损的风险，甚至是破产的命运，有时还会存在政治方面的风险。从历史上看，政治上的风险比经济上的风险更大、更难预测和规避，极端情况下企业家遭遇的不仅是破财的境况，还会搭上身家性命。

创新也是企业家的重要特征。创新是指企业家要具有综合运用已有的知识、信息、技能和方法，提出新方法、新观点的思维能力，以及进行发明创造与变革的意志、信心、勇气和智慧，创新精神是一种勇于抛弃旧思想旧事物、创立新思想新事物的精神。创新是企业长盛不衰的法宝，只有把创新的基因植入员工的心智中去，才能真正让企业实现长盛不衰。关于企业家在创新方面的描述，美国经济学家约瑟夫·熊彼特在其1912年出版的《经济发展理论》一书中，首次提出企业家的一个显著功能就是"创新"。这种创新分为五类：一是采用一种新产品或一种产品的新特征；二是采用一种新的生产方法；三是开辟一个新市场；四是掠取或控制原材料或半制成品的一种新的供应来源；五是实现任何一种工业的新的组织。这五种创新可归纳为产品创新、技术创新、市场创新、资源配置创新、组织创新。也可以进一步缩减为三类，一二项为技术创新、三四项为市场创新、最后一项为管理创新。约瑟夫·熊彼特和彼得·德鲁克都主张创新是衡量企业家的唯一标准。他们认为，即使过去是企业家，如果没有持续的创新，也不可能总是企业家。这也就是说，企业的领导者不一定永远都是企业家。

承担风险是企业家承担责任的一种本质体现，特别是承担财务方面的风险。企业家从事商业活动所产生的结果，由于投入的资金构成比例不同，所以企业家相应要承担的风险责任也是有所区别的。因此，根据企业家投入商业活动的资金构成比例，其相应要承担的风险责任可以划分为三类：第一类是投入全部自有资金，企业家要承担全部风险；第二类是投入部分自有资金，如合股经营和上市公司，企业家要承担部分风险，包括财务风险；第三类是没有投入自有资金，也不是股东，如职业经理人或企业属于国有企业，他们只承担相应的职位责任，不承担财务风险，即使是企业亏损，甚至是破产，他们都无须像第一类和第二类企业家那样去承担相应的直接经济责任风险。第三类企业家的情况符合约瑟夫·熊彼特的观点，即"企业家从来不是风险承担者……如果事业失败了，面临悲境的将是提供资金的人"。熊彼特这里所说的企业家与第一类和第二类企业家群体有着本质的区别，不能算是真正意义上的企业家，只能称作"职业型企业家"。第一类和第二类企业家在企业经营不善或破产的情况下，要承担财务风险。第三类企业家身上出现更多的是滥用职权、损公肥私和贪污等职务犯罪现象，如果这类企业家因为企业经营不善而"跑路"或自杀，那确实是一件罕见的事，新闻报道中最常见的是他们因为贪污而入狱或"跑路"的事件。

人们对企业家的理解存在不同的观点，缺乏共识，其原因具有多样性，包括不同的国家或地区具有不同的社会经济模式，不同的历史、文化和意识形态等因素。法语中对企业家的解释是敢于承担一切风险和责任而开创并领导一项事业的人。英语系国家认为，企业家是创办自己全新小型企业的人。在德语中，企业家的意思是指同时拥有并自己经营企业的人，强调对企业拥有所有权。

对于以上观点，彼得·德鲁克认为，并不是每一个新办企业都是企业家行为，一对夫妇开一家新的小食店算不上是企业家行为，而麦当劳将产品和操作流程标准化，设计工具，并依据标准培训员工，开创新市场和新客户，其中所表现出来的具有创新精神的活动是企业家行为。彼得·德鲁克不赞同企业家一定要对企业拥有所有权，如身为企业家的银行家，他们的任务是通过调动别人的资金到生产力较高及产出较多的领域来盈利，他甚至认为，企业家精神不仅局限于经济性机构中，非营利机构和政府部门都可以具有。企业家与一些因素无关，例如，企业家（或企业家精神）与企业的成立时间和规模，甚至性质无关。不论企业是什么时候创立的，不论规模大小，不论是企业、非营利性机构还是政府。又如，企业家（或企业家精神）与所有权无关。无论是企业股东，还是职业经理人和普通员工，都可以成为企业家。再如，企业家（或企业家精神）与人格特征无关。路德维希·冯·米塞斯甚至认为市场经济中的所有参与者都是企业家。

结合之前有关学者的研究成果，我们对企业家的定义进行归纳总结。首先，从企业家在公司所处的位置来看，企业家是一个混合的角色，具体表现为一个老板、创始人、投资者、创新者、领导者、经理人、稳健的冒险者、成功者、典范的先驱者和远见者等；其次，从企业家的行为表现上来看，他们追寻机遇、创立新事业、获取资源、建立业务运作、创造利润和承担风险，最终获取利润是企业家的共同目标，也是企业生存的必要前提条件；最后，我们定义企业家是一个通过投资、组织和管理，以追求盈利为目的，并承担经营管理风险的人。从企业家的基本特征来看，只要具有冒险、创新、承担风险的特征，无论他们所在的企业规模大小，或从事的经济活动与商业项目大小，都可以被认为是企业家。

二、企业家的起源

企业家这个在社会上发挥重要作用的经商群体，在几千年的历史演变过程中是如何产生与发展的？我们首先沿着商业文明的历史足迹追根溯源，去寻找答案。

（一）最初的商贸方式——"以物易物"

中国最早的关于商人活动的描述在《易经》中有记载："神农氏作，列隆于国，日中为市，致天下之民，聚天下之货，交易而退，各得其所"。其原意是神农氏时期，就出现了许多店铺，每天中午集市营业，吸引各地民众前往，聚集各地货物，交易完后纷纷离去，大家各自得到自己需要的东西。这也是对中国商业文明发展的最早记录。炎帝是中国上古时期姜姓部落的首领，号神农氏，是华夏民族的始祖之一。黄帝之后，黄河流域部落联盟出现的杰出首领中，先后有尧、舜、禹，其中舜帝是中华道德文化的鼻祖。据《尚书》记载，舜帝也做过商人。

根据文献资料的叙述，4000多年前在黄河流域居住的一个被称为商族的古老部落，他们的后人善于做生意。

《尚书·大传》记载，商族的祖先王亥在夏朝的时候，就已开始到其他部落用自己的物品来换取别人的物品。"以物易物"是人类社会在使用货币进行买卖之前，根据各自需求而开始的原始的贸易方式。这种方式是人类商业文明的起始方式，是实现各取所需的最早方式，也是人类最早的销售方式。但在当时的环境下，"以物易物"不一定是完全的等价交换贸易。

到了商汤时期，商族灭了夏朝，建立了商朝。商朝建立后，商族人开始从事农业生产，其手工业相当发达，商业也逐渐开始分化出来，成为独立的行业。商业得到了进一步的发展，在手工业发达的地方也出现了商品集中交换，如河南省的安阳、汲县等地。随着商品交换的发展，产生了一批以从事交换而不从事生产来谋利的群体。由于有利可图，从事这项活动的人越来越多，所以在商朝的时候就形成了做买卖的风气，锻炼了商朝人的经商能力。这也是日后商朝人被称赞善于经商的原因。

朝代更迭，公元前1066年，商朝被周朝灭了，周武王建立了西周王朝，商朝历经600多年后被推翻。商族人的命运也由统治者变成被统治者，社会地位一落千丈。为了解决商朝遗民的生计和社会需求问题，周朝统治者允许商朝遗民利用他们的专长从事商品买卖。商族人为了生计而从事买卖生意，后被习惯性地称为"商人"。其他部落的人们见商人这样干能获取厚利，也慢慢向他们学习，像商人那样干起了这种营生，但由于人们的观念已经形成，即使是其他部落从事这门职业的人，也被称为"商人"。久而久之，"商人"就成了生意人的统称，人们把经商这种职业称为"商业"，卖东西的店铺称为"商店"。

虽然随着社会的发展，后来做买卖的人已不再以商族人为主体，但人们仍习惯把做商品买卖的人通称为"商人"，并且一直沿用至今。这是企业家在中国最早的称谓来源，所以商族人算得上是中国商业文明的早期开创者。当然，那时候并不是只有商族部落有商品交易行为，也不是商族部落最早从事商业活动，只不过商族人在这方面比较突出，而且有文献记载而已。

从以上史料可以看出，中国早期的商业活动是通过非经常性的"以物易物"的原始简单方式在部落之间和部落内部进行的，最早从事贸易的人是掌握着部落大权的首领，而且商业活动范围仅局限于贵族阶层中。既然尧、舜、禹都是部落首领，那么舜帝做过商人，尧和禹应该也做过。可见，最初的商人是从统治者阶层中产生的，他们的社会地位属于社会的贵族阶层，这说明商人的社会地位并不是一开始就是低下的。中国最初通过"以物易物"的方式开启了商业发展史。

集市、货币和度量衡等也是与"以物易物"相伴共生的产物。因为商品交易需要地方，集市的出现不仅为商品交易提供了场所，而且有利于推动商品经济的发展。贝是中国最早的货币，商朝以贝作为货币。商朝人们开始用铜仿制海贝。铜币的出现，是中国古代货币史上由自然货币向人工货币的一次重大演变。公元前 350 年，秦国统一了度量衡。

反观西方的商业文明发展史，英国经济学家亚当·斯密论述了"以物易物"的方式推动了古代贸易的发展，这种贸易方式也是西方商业文明的起始方式。戴维·兰德斯、乔尔·莫克和威廉·鲍莫尔（2016）认为商品交易行为最初是从氏族部落首领开始的。随着商业文明的发展，一些商业惯例和技术，如货币、统一度量衡、测算工具、账目管理和编制年度报表等，在公元前 3000 年近东（地中海东部沿岸地区）青铜器时代的神庙和宫廷中已经产生。这些西方的贸易方式和行为的开始与中国商业起源时的状况如出一辙，只不过由于中西方文明诞生的时间和地区不一样，所以才导致中国的商业发展史在时间和发展历程上有自己的特点。根据中西方商业文明诞生的模式，简而言之，原始社会是人类商业文明起源的时期，也是"企业"起源的萌芽期，"以物易物"的商品交换模式是最原始的贸易方式，而最早从事商品交易的群体是部落首领，他们是最早的商人阶层，也就是最初的企业家群体。

（二）中国商业史上有关商人的称谓

在中国商业发展史上，除了将做买卖的人统称作"商人"外，每个历史时期也有其他称谓。古人也将做生意的人称作"商贾"，但两者是有所分别的。人们把贩运商品的人叫"商"，也就是批发商，如驮着货物穿州过省、行走于山岭间的马帮；把坐着销售货物的人叫"贾"，即所谓"行曰商处曰贾"。

另外，在商品买卖活动中还有对一些具体角色的称呼，如把古代雇主称为"东家"，店主俗称"掌柜"。在近代史上开始出现对商人的新称谓——"资本家"。但在 1949 年之后，中国开始实行将企业从"公私合营"到 1957 年彻底全部"公有化"的措施，工商业全部属于国家所有，私营企业则基本消失。之前曾经出现过的对商人的称谓也随之消失。直到 1978 年改革开放以后，私营经济在中国商业史上又一次重获生机，重新出现。1988 年立法明确私有制企业合法化，商人的合法化身份才重新出现。也就是说，从 1957 年全面实行工商业"公有化"到 1978 年的这段时间，从严格意义上讲，商人或资本家自然就不存在了，而这一时期工厂企业的负责人有一个称呼，叫"厂长"或"经理"。

改革开放后,人们把先富裕起来的一个群体叫"个体户",把家庭年收入在 1 万元以上的群体称为"万元户",他们是中国改革开放后企业家的先行者。在中国商业发展史上,商人正式被政府和媒体称为"企业家"是在 1988 年 4 月 2 日首届全国优秀企业家评选结果揭晓。按照我们对企业家的定义来看,这些国有企业或集体企业的负责人不是真正的企业家。2017 年 9 月 25 日,中共中央、国务院印发的《关于营造企业家健康成长环境 弘扬优秀企业家精神 更好发挥企业家作用的意见》中第一次提到"国有企业家"这个称谓,算是给这类企业负责人一个正式的、新的称谓。另外,现在人们也将企业家俗称为"老板"。以上就是在中国几千年的历史演变过程中,商人在不同时期的称谓变化。

(三)企业家产生的时间

工业革命在人类发展史上具有划时代的意义。工业革命是一场生产与科技革命,其引起了生产组织形式的变化,机器代替了手工劳动,以大规模工厂化生产取代了个体工场手工生产,实现了从传统农业社会向现代工业社会的重要转变。第一次工业革命发生在 18 世纪 60 年代到 19 世纪中期,人类开始进入"蒸汽时代",正值中国清朝时期;第二次工业革命发生在 19 世纪下半叶到 20 世纪初,人类开始进入"电气时代"。

在企业家产生的时间与工业革命的关系探讨中,目前国内有一种流行的观点,认为企业家是在工业革命之后才产生的,而且是产生于第二次工业革命时期,时间是在 19 世纪中叶到清朝末年。有研究认为,第一代中国企业家诞生于 19 世纪中叶的清朝,如胡雪岩、雷履泰等,这一时期也是第二次工业革命开始之际。19 世纪末 20 世纪初,产生了新一代的企业家,如荣德生和张謇。他们除了经营自己的生意外,还怀着"实业救国"和"教育救国"的主张积极参与社会活动。

虽然有学者认为企业家是在工业革命之后才产生的,但他们并没有详细解释为什么持这一观点,这令人感到遗憾。有观点认为中国古代的贸易流通业者只能(或顶多)被称作"商人",工业革命前的手工业主也不能被称为"企业家"。辛亥革命是中国民族企业家崛起的元年。尽管学者们对于企业家产生的时间存在不同的看法，但对企业家属于商人行列没有异议。

西方学者关于企业家的产生时间的观点如下：根据彼得·德鲁克的观点，创新是定义企业家的唯一标准。他没有说明企业家产生的时间界限。迈克尔·赫德森认为，亚述学家现使用的"企业家"这一称谓是用来指代公元前第二个千年初期到埃吉贝家族和穆拉树家族统治时期（相当于中国的春秋战国时期）亚述人和巴比伦人中出现的塔木卡商人，塔木卡商人发明了管理财产及为宫廷和军队供应补给品的新商业策略（戴维·兰德斯、乔尔·莫克、威廉·鲍莫尔，2016）。从这种观点可以看出，西方学者认为企业家的称谓来自对商人的称呼，而且说明企业家在工业革命前就已经产生了，这与上述中国学者的观点正好相反。

（四）企业家社会地位的变迁

在影响经济发展的社会各阶层中，虽然企业家是一个主要阶层，但企业家的社会地位与他们在社会经济发展中所起的作用并不是一直相匹配的。这种情况在不同的国家和不同的时期都不一样。就中国而言，中国古代依赖自然经济，男耕女织，自己生产，自己消费，对交易的需求本来就低，所以商人的地位也不高。统治阶级"重农抑商"还有一个重要的原因就是要"把人民限制在土地上"，以建立详细的户籍资料，便于征兵打仗。随着专业化分工的加深，社会对一些人专门从事商品交易的需求提高了，这些人在生产中的作用越来越大，地位自然也就提高了；此外，社会保护个人的私有财产，提供有效激励，商业变得有利可图，同样是获取财富，当官的优势就不是那么显著了，商人的地位自然也就提高了。虽然商人在历史上的社会地位低下，但有一点不可否认，他们属于经济相对富裕的阶层，生活有保障，并不是生活贫困，食不果腹，所以文献上鲜有记载商人起义的，多为农民起义，实际上就是穷人起义。下面主要就中国历史上各个时期企业家的社会地位进行大致梳理。

1. "重农抑商"政策对商人的影响

中国的封建社会以农业经济为基础，加上家庭手工业构建成相对稳定和封闭的自给自足的经济体系。在这种经济状况下，农民思想简单，容易控制，有利于统治阶级稳定政权，而商业经济具有明显的流动性，必然会对封闭的自给自足的经济造成冲击，也容易演变出强大的经济实体，威胁国家政权。统治者认为商人不易控制，会导致社会的混乱。"普天之下，莫非王土"，春秋时期齐国的国相管仲颁布了"官山海"法令，以控制山川、河流、森林、矿产等山林川泽资源归属于国家，主要是统治者为了防止商业活动依靠自然资源过度发展后难以控制。这些由国家控制山林川泽资源的措施被后来的各朝代沿用，其中盐业专卖制度延续了2600多年。西汉政治家桑弘羊对于山林川泽资源的观点是："往者，豪强大家，得管山海之利，采铁石鼓铸，煮海为盐。一家聚众，或至千余人，大抵尽收放流人民也。远去乡里，弃坟墓，依倚大家，聚深山穷泽之中，成奸伪之业，遂朋党之权，其轻为非亦大矣！"桑弘羊认为商人的这些商业活动是为非作歹，祸害无穷。这充分体现出了统治者对发展商业的顾虑，也促使封建社会历朝历代一旦建立起大一统政权后，统治者就实行保障农民安居乐业的重农政策，以确保政权的长治久安。因此，自秦朝以来，统治者都采取"重农抑商"的政策，长此以往，导致商人社会地位低下，不仅限制了人们对职业的选择，而且使人们鄙视商人和商业的思想变得根深蒂固。

中国的商业活动最早开始于部落首领中，他们亲自进行物品的交易活动，商业活动的服务范围主要是贵族阶层，而不是一般百姓。到了商朝末期，随着社会经济的发展，商品交易活动增加，原来的贸易模式也出现了变化。统治者不再亲自负责物品交易活动的具体操作，只掌握操控大权，具体的商品交易活动改由佣人来进行。这标志着从事商业活动的人从此由原来的统治者转变成平民百姓，商人从贵族阶层中分离出来。到了周朝，统治者加强了对工商业和从事这些行业的人员的管控，推行"工商食官"制度，这是中国历史上政府第一次以法令的形式使工商业全面变成了官办，也是政府第一次全面地掌握和管理工商业，同时也标志着统治阶层在工商业活动中的角色，从管控和亲自操作兼顾的方式转变为管控和亲自操作的方式，以制度化的形式正式分离。这种分离模式影响了以后历朝历代的统治者对工商业的控制，商人的社会地位从此也以制度的方式被确立。

春秋战国时期，周朝推行的"工商食官"制度已崩溃，私人从事商业的人员大增。各国也希望通过发展经济来实现国富民强，因此发展经济成为首要目标，对工商业的发展给予积极的扶持。这些因素促进了工商业的发展。因此，这一时期的商业在历史上出现了最特殊的繁荣景象。由于工商业和商人受到重视，商人不受官府控制，可自由经营商品，社会上出现了弃官、弃学从商的热潮。这个时期，儒家思想对商人和商业活动并没有贬斥。儒家思想的重要代表人物孟子是十分重视商业活动的，倡导要发展手工业和商业，保护商人。首先，孟子从社会分工的角度分析商品交换是社会发展的必然结果，具有必要性和重要性。《孟子·滕文公上》记载了孟子的观点："且一人之身，而百工之所为备，如必自为而后用之，是率天下而路也。"这说明在生活中，一个人身上所需的各种用品是需要具备各种技能的工匠来替他制造准备的，如果一定要他自己制作而后才使用，这会导致天下的人都疲于奔走。虽然那个时期社会还处于自给自足状态，但孟子认为人们对物资的需求应该通过商品交换来实现，互通有无。如果人们不进行商品交换，孟子也举例说明了这种状况会产生的弊端："子不通功易事，以羡补不足，则农有余粟，女有余布；子如通之，则梓匠轮舆皆得食于子。"也就是说，如果农民和手工业者不进行商品交换，则农民会有多余的粮食，但会缺乏劳动工具和日用品；相反，手工业者有多余的手工制品，却没有粮食吃。如果两者进行商品交换，就可以解决双方各自的需求，实现共赢，并且促进商品流通。

其次，孟子认为国家应该实施仁政，对商人采取优惠和保护措施，促进商业繁荣，《孟子·公孙丑上》记载："市，廛而不征，法而不廛，则天下之商皆悦，而愿藏于其市矣；关，讥而不征，则天下之旅皆悦，而愿出于其路矣。"这就是说，国家要发展经济，就要开放市场，不征收重税，只收房租而不征货物之税，当商人比较少的时候，连租金也不收，国家只是维护市场秩序，营造良好的经商环境，吸引各地商人，那么天下的商人们都会高兴，从而乐意将货物囤放在这样的市场，到这里来做生意。道路的关卡只检查往来客商的身份而不征收关税，那么天下往来的客商都会高兴并且愿意出入在这样的路上，这也有利于货物进出，发展贸易经济。这才真正符合商人和旅行者的需求，才能达到"商贾皆藏于王之市,行旅皆欲出于王之涂"(《孟子·梁惠王上》)的效果。

最后,孟子认为商品交换应该等价交换,而不是损人利己。他说:"以粟易械器者,不为厉陶冶;陶冶亦以其械器易粟者,岂为厉农夫哉?且许子何不为陶冶。舍皆取诸其宫中而用之?何为纷纷然与百工交易?何许子之不惮烦?"这是说农民和手工业者之间进行粮食和手工业品交换没有损害任何一方的利益。人们做生意追求利益是理所当然的,但不能唯利是图,要公平合理,注重商德,让别人也受益。如果他们发生损人利己的行为,就是孟子所说的:"为富,不仁矣;为仁,不富矣。"

儒商是体现儒家思想与商人的关系的一种好的阐释。子贡被称为"儒商之祖",《史记·货殖列传》所记载的富商大贾之中,子贡排在第二位,可见其地位之高。子贡是孔子的得意门生,孔子对他颇为欣赏,他经常随孔子周游列国,但子贡不仅学业优异,而且既从商,又从政,在孔子的弟子中属于首富。"端木遗风"就是指子贡遗留下来的诚信经商的风尚。司马迁在《史记·货殖列传》中也不惜笔墨对子贡予以赞扬。

随着财富的不断积累,自由商人的经济实力可以干预当时的经济发展,甚至可以通过经济手段控制统治者的政治决策。这种商人能干预政治的情况就像现在一些西方国家的政治生态一样。那时候的境况是经济政治学,而不是政治经济学。因此,春秋战国时期在中国历史上是一个独特的时代,不仅是在思想和文化上出现百家争鸣的辉煌灿烂局面,而且在商业上,也是商人拥有经济实力、有社会地位和政治上不受歧视的辉煌时代。春秋战国时期的商人由于在经济上能与国王、诸侯匹敌,在政治上能与君王分庭抗礼,对统治阶层造成了威胁。另外,工商业与农业之间的矛盾也在加剧。在战国晚期,统治阶层认为农业才是立国的根本。因此,秦国采取"重农抑商"的政策,限制从商人数、经营范围,加重商税。

秦统一六国后,不仅继续实行"重农抑商"政策,还将天下十二万富豪迁至洛阳,并掠夺他们的财产。秦朝采取的"重农抑商"政策不仅彻底改变了商人在春秋战国时期显赫的社会地位和经济状况,而且这一政策成为以后历朝历代奉行的准则。商人从此被排挤在政治阶层之外,没有政治地位,也就没有社会地位。长此以往，商人在社会上被认为是地位低下的。

汉朝依然奉行秦朝的"重农抑商"政策，而且措施更严厉。例如，汉高祖刘邦严禁商人穿丝绸衣服和乘车骑马，并加重赋税。孝惠皇帝、高后时期甚至阻断了商人从政的路径，连他们的后代也受到限制。在征收财产税时，实施"告缗"政策，对隐匿或不如实汇报财产的商人，没收其财产，并将所没收的财产的一半奖励给告发者。这些措施导致大批商人破产。到隋朝的时候，创立了科举制度，任何人都可以通过科举考试变成统治阶层的一分子。这项措施也为商人提供了一个改变自身社会地位的机会。唐朝虽然是中国历史上辉煌灿烂的时期，但这并没有改变统治者排斥商人的思想，如商人不能从政、不得骑马、服饰必须是黑色等。

自春秋战国时期开始士、农、工、商"四民分业"，到宋代时就出现了"四民不分"，到明清时期商人的社会地位已有很大提升。宋代还取消了汉唐以来的很多禁令，如商人不能穿丝绸衣服、不得骑马，商人及其后代不能参加科举考试等限制也取消了。在明代，由于对外实行闭关锁国政策，对内追求男耕女织的社会模式，因此，"重农抑商"的政策依然没有改变。明朝开国皇帝朱元璋曾颁布法令，对不从事农业耕作，而只做商品买卖生意的人，都要抓起来惩办，还规定商贾不许穿戴绸纱。

地主的社会地位要比商人优越，因此，从秦朝开始也限制从商人到地主的身份转化。西汉时明文规定商人及其家属不能购买土地，东汉时更是规定百姓不能同时拥有商人和地主的双重身份。后来随着商人实力的增强，这种限制逐渐被打破，特别是在中唐时期的均田制被破坏后，政府就不再干预商人购买土地了。在宋代，商人购买土地的环境更宽松。到了清朝时期，新兴的商人地主更是成为地主阶层的一股强大力量。商人除了通过购买土地变成地主来提高自己的社会地位外，还通过与官僚结交、参加科举考试或买官等手段转变成官僚阶层。到了封建社会后期，商人凭借他们的经济实力，通过参与政治，组织商人社会团体，参加捐资助学、修路筑桥和兴办水利等慈善活动，成为一支能影响社会发展的中坚力量。同时，参加这些活动也是商人提高其社会地位的有效途径。

在中国近代史上，企业家阶层除了参加公益慈善活动外，还通过政治运动和爱国主义行动来凸显他们的社会地位。1900年，中国北方爆发了"义和团运动"，英国深恐波及其所属势力范围的长江流域，便策动当时的两江总督刘坤一、湖广总督张之洞等与列强合作，经买办官僚盛宣怀从中牵线策划，由上海道台余联沅出面，与各国驻沪领事商定《东南保护约款》和《保护上海城厢内外章程》，规定上海租界归各国共同保护，长江及苏杭内地均归各省督抚保护。这就是有名的"东南互保"协议。盛宣怀当时只是一个二品顶戴的"道员"（相当于现在的副省长级别）。一个"红顶商人"能促进此事，不仅体现了企业家阶层的影响力，也展现了他们的社会地位。正因为有作用和贡献，才有价值，才能体现其社会地位。在后来的立宪运动、"五四运动"、抗日战争、解放战争和中华人民共和国成立初期的经济建设中，企业家阶层的身影依然存在。

晚清政府允许商人设立组织的举措是商人社会地位提高的一个标志。自此以后，全国已经出现了数千个大大小小的商会。他们的势力非常强大，上海、广州及武汉等城市的商会甚至拥有自己的武装团体。

2. 改革开放后政府对私有制经济的重视

改革开放后，私有制经济重新出现在中国的经济舞台上。从法律法规到政策措施的颁布，都体现了政府对私有制经济越来越重视。例如，1987年私营经济首次被列入《中华人民共和国宪法》，那时它"是社会主义公有制经济的补充"；1992年第二次修宪，个体经济、私营经济、外资经济等多种非公经济一起被列入《中华人民共和国宪法》，"多种经济成分长期共同发展"；1999年第三次修宪，非公有制经济地位再次提升，成为"社会主义市场经济的重要组成部分"；2004年第四次修宪，国家对非公经济由"引导、监督和管理"，变为"鼓励、支持和引导"；2017年1月9日，中共中央、国务院印发了《关于营造企业家健康成长环境 弘扬优秀企业家精神 更好发挥企业家作用的意见》，肯定了企业家对社会经济发展的作用，并将企业家精神写入党的十九大报告。企业家还通过中国人民政治协商会议、人民代表大会和工商业联合会参与议政工作；2023年7月14日，中共中央、国务院印发了《关于促进民营经济发展壮大的意见》，为促进民营经济发展壮大而提出了加快营造市场化、法治化、国际化一流营商环境，优化民营经济发展环境，依法保护民营企业产权和企业家权益，全面构建亲清政商关系等意见。

（五）企业家是商业文明的创造者

企业家是商业文明的创造者，人们对物品的需求促生了"以物易物"的商业交换行为，商业行为促进了商品市场的产生，商品市场的繁荣使得从事商品交易的地方和从业人员不断增加，后来的货币、度量衡和账目管理等商业工具也随着商品交易的发展而产生。随着生产力的发展，商品的生产方式从原来的手工作坊到工业革命后机器代替手工生产，实现了由手工作坊向机器化工厂生产的转变。机器化工厂的出现，标志着现代化企业的诞生。

人类的商业文明经历了从萌芽，到由低级阶段向高级阶段不断发展的过程。在这个过程中，与商业活动有关的元素，如货币、交通工具、生产工具、生产方式、贸易方式等同样经历了不断提升与完善的过程，货币从开始时使用的贝壳发展到今天使用的纸币，甚至支付方式也发生了变化，如汇票、网银、移动支付的出现；交通运输从早期主要使用马来运输货物到今天用汽车、火车和飞机运输；生产工具由原来的手工操作转变为机器生产，再到今天的智能机器人的应用；生产方式也从作坊式变成工厂式；贸易方式从原始时期的"以物易物"和局限于一定的区域内到今天的互联网和全球化。这些工商业元素随着人类社会的进步经历了一个漫长的演变过程。作为商业文明的创造者，企业家从开始时被称呼为"商人"，到后来在不同的历史阶段称谓也有不同，虽然今天他们有一个官方的正式称谓叫作"企业家"，但社会上依然存在将从事商业的人统称为"商人"的习惯。

在人类漫长的历史进程中，无论与商业文明有关的元素和从事商业的人的称谓怎样变化，商业满足市场需求和追求利润的本质并没有变，而且冒险、创新和承担风险始终是商人身上最显著的特征。因此，商业的形式虽然随着历史的演变而从低级向高级发生变化，但其本质并没有变，并且商业从诞生至今没有中断过，具有明显的延续性。文献中也没有工商业是在工业革命之后才产生的明确记载，只不过是将工业革命定义为一场生产与科技的革命。以此逻辑推理，当商业产生的时候，也就是说人类开始采用"以物易物"的商业方式时，商人也就随之相伴而生了。既然商人是企业家的最早称谓，而且大家都认同企业家属于商人行列，这就说明企业家也是随着商业的诞生而产生的，并不是在工业革命之后才产生的，只不过人们对他们的称呼在不同的历史阶段有所不同，他们在商业文明的发展过程中面临不同的经营环境而已。工业革命只不过是在这个过程中企业家所遇到的一场具有划时代意义的生产和技术革命罢了。这一观点与一些西方学者的意见是一致的。戴维·兰德斯认为工业革命是企业家精神史上近期才产生的现象，也就是说，工业革命只是在企业家精神发展过程中出现的现象之一，正如当下互联网对传统销售模式的影响一样，销售的本质和目的与3000多年前的情况相比，并没有改变，只是销售的方式改变了。

综上所述，在中西方商业发展史上，除了商业诞生的时间不同外，商业的模式是一样的，而企业家也是随着商业的诞生而产生的，与商业之间存在相伴相生的关系。

第二章 企业家领导力理论阐述

> 本章首先对领导力的定义做归纳和总结，分析中西方在领导力理论方面的研究成果、西方领导力理论在中国的应用情况和领导力的培养；然后阐述企业家领导力的概念及企业家领导力模型的构成要素。

一、领导力理论

领导力的概念早已引起了人们的兴趣和讨论，甚至引发了一些困惑，这也说明了领导力的重要性。领导力理论经过不断发展，已经在不同的时代、不同的国家或地区被研究者们以不同的方式阐述过，并且积累了比较丰富的文献资料，一些概念也随着社会的发展而被重新定义。

（一）领导力的定义

不论是对于个人还是对于组织，领导力都是取得成功的一个关键因素。领导力在企业家创业的过程中扮演着重要的角色，特别是在环境恶劣的情况下，更能突出领导力的作用。许多文献关注了领导力的影响对组织运作的重要性，对于企业而言，领导力能提升企业的核心竞争力，影响企业的生存和发展。所以，领导力就成为一个从古至今不断被探索和研究的领域。虽然领导力理论经过不断发展，已积累了比较丰富的文献资料，但领导力始终是一个复杂的问题，很难定义。因此，对于领导力在具体分析领域的划分，目前学界也尚未达成共识。

我们可以从三个方面去理解领导力：一是领导力是一个过程或一种关系；二是领导力是特质或个人特征的组合，或者说领导力是一种特定的行为，或者是常指的领导技能；三是解释关于领导力的构成。在文献资料中，学者们将领导力的定义或涉及的内容归纳为位置、个性、责任、影响过程和工具，以达到目标、行为、互动的结果，除此之外，还包括其他含义。

在将领导力定义为一个组成部分的研究中，西方领导力理论将领导力简单地定义为"有追随者"，因为是否有追随者是衡量一个领导者领导力的基本因素。当然，是否有追随者是一个领导者的能力的具体体现。西方学者认为高效的领导者在性格、优势、弱点、价值观和信念上有广泛的不同，但他们也有一些共同之处，即拥有在正确的时间完成正确的事情的能力。因此，领导力是领导者能力的体现，一个领导者可凭借其能力水平和个性特质引领其下属团队去发展他们的潜能，从而影响组织目标的实现。同时，领导力也是一个人影响一个团队去实现共同目标的一个过程。在实现目标的过程中，领导者将会面临不同的情况，这就需要领导者具有应对不同情况的能力。所以，领导力可以理解为领导者应对每一种情况的能力。

若将领导力定义为由多部分内容构成的，其构成因素是多种多样的，包括领导力被定义为愿景、方向和举动，以及领导力是由领导者的素质、追随者的属性和情景特征三个相互作用的部分组成的。还有一些组成部分能体现领导力的核心特征，例如，领导力是一个过程，领导力包括影响、智慧和毅力，领导力发生在群体环境中，领导力介入个人的探索与发展，领导力包括在时间和预算内实现既定的目标。

20世纪80年代中期，美国学者巴斯（Bass）提出了较有革命性的变革型领导力理论（Transformational Leadership）。他将领导力定义为通常涉及对形势的构建或重组，以及成员的感知和期望的两个或多个团队成员之间的一种相互作用。在相互作用的关系中，领导者的行为对他人的影响大于其他人对他们的影响。巴斯对领导力这一概念进行研究并列举了12种具有代表性的定义，其中主要的定义如下：领导力可视为一个组合过程的焦点；领导力可看作个人性格及其影响力的体现；领导力可看作一门引导性艺术；领导力可视为影响力的锻炼；领导力可以是一种行为表现；领导力可看作一种劝说的方式；领导力可看作一种权力关系；领导力可视为成就目标的一种工具；领导力可视为取得成效的相互作用力；领导力可视为一种催化作用；领导力可视为一种初始结构；领导力可看作一个组合。

从《中国领导学研究 20 年》一书中我们发现，中国学者在领导力定义方面基本存在两种不同的观点：一种观点认为领导力是领导者自身所拥有的一种综合能力，如李春林认为领导力是领导者素质、能力及其影响力等各方面的总和。张青林将领导力定义为领导方法、领导艺术和领导风格等几个要素的集合。黄俊汉认为领导力由领导信息运筹力、决策力、激励力、控制力和统驭力等构成。另一种观点基于领导者和追随者之间的相互作用来定义领导力，如王丽慧等认为领导力是领导者与追随者为实现共同目标而迸发的一种思想与行动的能力。朱忠武认为领导力就是领导者对追随者的影响力。陈建生认为领导力就是领导者激励员工与自己一起努力实现共同目标的能力。

此外，领导力的明显特征是，领导力在任何时间、任何地方都会存在，领导力不仅存在于个人身上，而且存在于任何一个组织当中，无论是在大公司或小公司、营利机构或非营利组织，还是在公共机构或者私人机构、社会，甚至是在家庭中，都以不同的形式存在着。董军认为领导力对个人来说是一种以自己的品格和言行影响他人、激励自我、实现极限目标的能力；从组织层面而言，这种力量是企业内所有员工个体领导力的合成，是企业激发全员的热情和想象力，让他们一起全力以赴、持之以恒去实现共同愿景的内在动力。领导力在一个组织的各个层面不仅需要，而且都存在，甚至在某种程度上，一个没有被指派管理职位的人也可能拥有领导力。个人领导力的影响不仅在组织的内部存在，在组织的外部同样存在，影响着个人的社会关系和地位。

根据以上讨论，对领导力的定义可归纳为一种技能或能力、一种行动或行为、一种责任、一个过程、一种管理的功能、一种经验、一种有影响力的关系、一个权威地位、一个特征或特点和一种风格。然而，大多数定义有一点相似之处，就是它们关注的是影响他人活动的过程。因此，我们将领导力定义为，一个人或组织通过思想和行为来影响别人的能力。从个人层面来看，一个人的思想和行为被越多人认同，影响的范围越广，证明这个人的领导力越强。

相反，一个人的思想和行为被越多人抗拒，这个人的领导力就越弱。同理，一个组织所倡导的思想和行为被越多人认同，其影响的范围就越广，这个组织的领导力就越强，该组织也就越具有生命力。

（二）领导力理论的研究成果

关于领导力理论的研究，在不同时期，其研究结果也不一样。历史上有不同的关于人们解释怎样成为一个成功领导者的领导力观点。

在西方，关于领导力的最早记载可追溯到公元前300多年，古希腊的亚里士多德建议领导者应具备建立关系、宣扬他们的价值观或愿景、逻辑性地说服等领导力技能。西方关于现代领导力的研究比中国早，领导理论在20世纪就已开始作为一门独立的学科了，并经历了多个学派和不同观点的演变。西方对领导力的理论研究可分为四个发展阶段：第一阶段是出现权变模型之前；第二阶段是1965—1975年，主要研究权变理论的发展；第三阶段是1976—1985年，当时出现了认知理论对性别差异的担忧；第四阶段是1985年之后，主要集中在变革型理论和文化影响上。早期的领导力理论集中区分领导者和追随者的品质，而随后的理论则着眼于其他变量，如情境因素和技能水平。虽然许多不同的领导理论已经出现，但大致可以将它们分为以下五类："伟人"理论、特征理论、行为主义者理论、情境理论和权变理论。一些学者根据领导力理论发展或发展阶段，总结了领导力理论的研究成果。例如，博尔登等通过梳理"伟人"理论、特征理论、行为主义者理论、情境领导力、权变理论、交易型理论和变革型理论等，回顾了过去70年的领导力理论，并追溯了从"伟人"理论到变革型理论的演变轨迹，如表2-1所示。

表2-1 从"伟人"理论到变革型理论的演变轨迹

"伟人"理论	基于这样的信念，领导者是优秀的人，具有天生的品质，注定要成为领导者。"伟人"这个词的使用是有意的，因为直到20世纪后期，人们还把领导这个概念当作主要是男性、军事和西方的概念

续表

特征理论	与领导力相关的特质或品质是丰富的，并将继续产生。他们几乎把字典里所有描述积极或善良的人类属性的形容词都用在了上面，从野心到对生活的热情
行为主义者理论	关注的重点是领导者的实际行动，而不是他们的品质。不同的行为模式被观察到，并被归类为"领导风格"。这个领域很可能吸引了很多实践经理的注意
情境领导力	结合具体的执行情况来评价领导能力。例如，虽然有些情况可能需要专制的风格，但其他人可能需要更积极的方式。此外，在同一组织中不同级别的组织成员需要的领导风格可能存在差异
权变理论	这是对情境观点的精细化，重点是预测最合适或有效的领导风格，以适应特定环境的情境变量
交易型理论	强调领导者和追随者之间的关系的重要性，着重于从一种"契约"中获得共同利益，通过这种形式，领导者以报酬或认可作为回报，以回报追随者的承诺或忠诚
变革型理论	这里的中心概念是变化和领导在构想和实现组织绩效转变方面的作用

资料来源：Bolden R, Gosling J, Marturano A, et al. A Review of Leadership Theory and Competency Frameworks [R]. UK: Centre for Leadership Studies University of Exeter, 2003.

理论是随着社会的发展而不断积累的一个结果。穆勒和特纳根据过去 80 年间学者们对领导力的研究成果，总结出 6 个主要派别：特质学派、行为学派、情感和态度学派、输出学派、权变学派、综合模型学派，如表 2-2 所示。

表 2-2 根据领导力研究成果分出的主要派别

观点	时间	主要理念	代表人物
特质学派	20 世纪 30～40 年代	高效领导者表现出的共同特质；领导者是天生的，而不是后天培养出来的	柯克帕特里克和洛克 / Kirkpatrick and Locke（1992）

续表

观点	时间	主要理念	代表人物
行为学派	20世纪40~50年代	高效领导者拥有一定的风格和行为；领导能力可以开发	布莱克和莫顿，坦南鲍姆和施密特/Blake and Mouton（1978），Tannenbaum and Schimdt（1988）
情感和态度学派	20世纪90年代至21世纪初	情商比智商对绩效的影响更大	戈尔门等/Golemen et al.（2002）
输出学派	20世纪30~90年代	变革型关注关系；交易型关注过程	巴纳德，巴士/Barnard（1938），Bass（1990）
权变学派	20世纪60~70年代	高效领导者能做什么，取决于其所处的环境	菲尔德，豪斯/Fielder（1967），House（1990）
综合模型学派	21世纪初	高效领导者表现出一定的能力，包括特质、行为和风格	杜莱维琴和希格斯/Dulewicz and Higgs（2005）

资料来源：Müller R, Turner J R. Project-oriented Leadership[M]. England: Gower Publishing Limited, 2010.

因为领导力影响组织的绩效，因此，有学者将影响绩效的具体能力进行了分类。杜莱维琴和希格斯在研究领导力对绩效的影响时，提出的综合领导力模型将领导力分为管理商、智商和情商3类，并细分成15种领导能力，如表2-3所示。

表2-3 综合领导力模型下的3类领导力

类别	能力	类别	能力
管理商	1. 管理资源	管理商	4. 发展他人
	2. 善于沟通		5. 实现目标
	3. 有效授权	智商	6. 关键的分析和判断

续表

类别	能力	类别	能力
智商	7. 愿景和想象力	情商	12. 敏感性
	8. 战略眼光		13. 感召力
情商	9. 自我意识		14. 动机力
	10. 情绪控制力		15. 责任感
	11. 直觉感		

资料来源：Dulewicz V, Higgs M. Leadership at the Top: The Need for Emotional Intelligence in Organizations [J]. International Journal of Organizational Analysis, 2003, 11 (3): 193-210.

明确而具体的领导力行动指南，更容易让人理解和按章实践，使人们成为更有成效的领导者。詹姆斯·库泽斯和巴里·波斯纳讨论了领导者在组织中如何调动他人去做出不平凡的事。他们通过研究分析，在其著作《领导力挑战》中提出了卓越领导者的5种行为和10个使命，作为领导力的行动指引：①以身作则，明确价值观、树立榜样；②共启愿景，描绘愿景、感召他人；③挑战现状，猎寻机会、尝试和冒险；④使众人行，促进合作、成就他人；⑤激励他人，承认别人的贡献、庆祝价值实现和胜利。

基于不同的观点、数据类型、时间节点和标准水平，人们对于一个特定的领导者或团队的领导者，可能会产生不同的评论，对于上述的一些理论，也有不同的观点。例如，在"伟人"理论中，理论家相信领导者是天生的而不是后天培养的。然而，也有一些相反的观点，认为领导者不是天生的，而是培养出来的，如詹姆斯·库泽斯和巴里·波斯纳在他们的著作《领导力挑战》中提出了每个人都有可能成为领导者的观点。

不同的领导者有不同的领导方式。领导风格就是用于区分领导者行为的方法。因此，领导风格就成了领导者的一个重要特征。之前的研究提到了各种领导风格，但在概念上不能说哪一种领导风格是"最佳"的或"正确"的。因为在不同的情况下需要不同的领导风格，而不是千篇一律。这里我们介绍一些具有代表性的领导风格，如民主型领导、专制型领导、仆人型领导、交易型领导和变革型领导。

民主型领导通常体现出上下级之间关系融洽、团结协作、共同决策的特征，领导者积极参加团体活动，注重对团队成员的鼓励和协助，领导者与被领导者之间的社会心理距离比较近。团队成员自己决定工作的方式和进度，工作效率比较高。民主型团队的权力属于全体成员，领导者只起到一个指导者或委员会主持人的作用。但民主型领导风格有时会影响决策效率，甚至会加剧矛盾与冲突。

专制型领导的权力掌握在领导者个人手中，领导者只注重工作的目标，仅关心工作的任务和工作的效率。但他们对团队成员不够关心，被领导者与领导者之间的社会心理距离比较远，被领导者对领导者存有戒心和敌意，下级只是被动、盲目、消极地遵守制度，执行指令。团队中缺乏创新与合作精神，而且成员之间容易产生攻击性行为。

仆人型领导更凸显领导者的服务特性，领导者以身作则，以服务来实现领导，鼓励合作、信任、先见、聆听。

交易型领导是建立在上下级之间的某种交易基础上的领导方式。领导者通过明确角色和任务来指导部下，以某种奖励和利益作为下级努力工作的交换条件。交易型领导强调任务目标、工作标准和产出，往往关注任务的完成情况和员工的顺从程度，更多地依靠组织的奖励和惩罚手段来影响员工。

变革型领导是指领导者通过领导魅力、领导感召力、智力激发和个性化关怀等，让员工意识到所承担的责任及任务的重要性，激发其更高层次的需要，从而使其最大限度地发掘自身的潜力，以取得最高水平的绩效表现。

每一种领导风格都是根据不同的领导者、不同的情境来运用的，有时候也可能一种或多种领导风格混合使用。

商业环境在不断改变，企业家必须随之改变自己和适应业务的发展，这是对领导力、团队协作、组织结构和文化的挑战。企业家应整合个人的能力应对环境不断变化的挑战，如积极性、创新、冒险精神。企业家所形成的思想、行为和习惯方式在企业成长的某一个阶段会是成功的因素，但在企业发展的另一个阶段可能会变成失败的因素。因为企业家在企业的创业期、成长期、成熟期、衰退期或再生期所扮演的角色不同，面对的企业情况和商业环境也不一样,所以,企业在不同的发展阶段,对企业家能力、素质的要求也有所不同。也就是说,在企业发展的不同阶段,企业家需要不同的知识和技能。

以上是西方学者在领导力研究方面的成果。在中国,关于领导力理论的最早记载出现在公元前500年,孔子提出一个人如果具有睿智、仁爱、勇气,就应知道如何提升个人素质,以达到"修身、齐家、治国、平天下"。孙子(公元前535年—公元前480年)是中国最早教授军队领导力的人。《孙子兵法》为军队领导者在取胜上提供了战略和战术方面最重要的参考要素。他还提出了军队领导者的必备素质:"智""信""仁""勇""严"。这可能是中国最早关于领导力技能要求的记录。后来,战国时著名商人白圭强调商人要有丰富的知识,同时具备"智""勇""仁""强"等素质,要求商人既要有姜子牙的谋略,又要有孙子用兵的韬略,更要有商鞅那一套严厉的团队管理制度,否则经商很难有大成就。这可能是我国对商人素质要求的较早的记录。

对于现代领导力理论的研究,中国在20世纪80年代才开始。由夏禹龙等学者出版的《领导科学基础》(1983年)被认为是中国第一本关于领导科学的著作。这一时期也正处于改革开放的初期,科学技术得到重视,领导学的研究既基于本国历史实践积累的经验和理论基础,与此同时,又引进借鉴了西方领导力理论方面先进的理念、领导方法。为了系统地总结中国领导力理论自产生后20多年来的发展概况,奚洁人、郑金洲和于洪生(2007)撰写了《中国领导学研究20年》一书,对以往领导科学学科体系的发展历程及领导学各分支学科的研究状况进行了较系统的梳理,也对西方在领导力理论方面的研究做了归纳。因此,这是一部总结了中国现代领导科学研究成果的重要著作。

领导行为是以传统文化背景为基础的。西方学者将领导风格划为民主型领导、专制型领导、交易型领导和变革型领导等。这些领导风格理论是在西方文化背景下产生的,而中国文化背景下的领导风格的突出代表是家长式领导。樊景立与郑伯埙(2000)定义家长式领导是一种具有强烈的纪律性和权威,以及包含父亲般的仁慈和德行的领导行为方式。这种领导方式包含3个重要维度:威权、仁慈和德行领导。威权是指领导者对下属而言具有绝对的权威和控制权，而下属也必须完全服从。仁慈是指领导者对下属个人或其家庭成员表现出个性化关怀的领导行为。德行领导则是领导者的行为表现出高度的个人美德、自律和无私。家长式领导者所表现出的是威权领导、仁慈领导和德行领导行为，与之相对应，下属所表现出的行为是敬畏顺从、感恩图报以及认同效法。

最先对家长式领导进行研究并提出"家长式领导"概念的是西方学者。20世纪60年代，西尔（Silin）在中国台湾地区进行企业个案研究时发现，这里的管理人员与西方的管理人员在领导行为上采取迥然不同的方式。这些管理人员运用类似于管理家庭成员的方式来管理员工，而自己则充当家长的角色。虽然西尔（Silin）没有明确提出"家长式领导"的概念，但是为后来的家长式领导研究奠定了基础。另一位西方学者雷丁（Redding）在20世纪80年代末，对中国香港、台湾地区及东南亚地区的华人家族企业进行了深入研究，他明确提出了"家长式领导"的概念并论述了其特征，而且指出这种领导方式普遍存在于华人家族企业中。第三位西方学者韦斯特伍德（Westwood）的研究也表明，华人家族企业的领导方式与西方企业的领导方式截然不同，带有明显的家长作风。因此，他提出了"家长式首脑"（Paternalistic Headship）的概念。而真正使家长式领导研究得到深化并形成理论体系的是一批中国学者，如郑伯埙、樊景立等。郑伯埙对家长式领导的研究始于20世纪80年代末。他对中国台湾地区的18个家族企业做了深入的研究之后，发现了家长式领导的确普遍存在，提出了家长式领导的二元理论，即立威与施恩，并进行了解释。在此基础上，郑伯埙和樊景立提出了家长式领导的威权领导、仁慈领导和德行领导三元理论。

任何理论都是在一定的环境条件下形成的，当内外部环境发生变化后，在此基础上所建立的理论也应该随之进行相应的修正，以便符合变化后的实际情况。随着中国经济的快速发展，2010年中国已经成为世界第二大经济体，加上经济日趋全球化、互联网对传统经济模式的影响、第四次工业革命的到来、"一带一路"倡议的推行对全球经济格局的改变、劳动力市场主力的变化等，家长式领导也要顺应潮流的变化而调整。威权领导在过往容易被人接受，但随着社会的变迁，年轻一代的成长环境与老一辈已大不相同，在思想上更倾向于自主，强势的专制领导容易引起年轻人的反感。因此，现在或未来的领导者除了职位带来的权威外，更要注重通过仁慈和德行来提升自己的领导力和影响力。另外，过往强调用领导者个人的权威来管理下属，现在则强调用制度和文化来规范下属的行为。企业的规模越大，就越需要用制度和文化来管理。也就是说，一是要由人治向法治过渡；二是法治比人治更有成效、更长久。领导者仅靠树立个人美德的德行领导方式已不能适应越来越专业化的社会发展趋势，还必须有精益求精的"工匠精神"，追求专业上的卓越成就。在仁慈领导方面，领导者只是关心员工的个人生活还不够，更应该关注员工的职业发展规划，而且将这种规划融入公司的制度，使员工与公司形成一个共同体，才能增强企业的吸引力和生命力。

家长式领导在外部环境变化后需要修正，同样，在不同的内部环境下，其侧重点也不相同；在不同的企业生命周期，对企业家的素质要求也不同，其领导行为必须随之而变化，以适应企业的发展需要。在创业阶段，企业家一般事必躬亲，实行高度集权化管理，对企业进行绝对控制和显示绝对权威，以保证企业的生存和发展。家长式领导偏重于威权领导和德行领导。这一时期主要依靠企业家的个人能力。当企业进入成长期时，企业的规模不断扩大，企业要实行规范化管理，集权与分权需要恰当处理，威权领导和仁慈领导要相互补充。当企业进入成熟期时，容易出现发展缓慢、组织机构僵化而缺乏灵活性等情况。仁慈领导和德行领导可以使企业家的沟通和协调更有效，这有利于企业始终保持成熟期的理想状态，延缓甚至避免企业进入衰退期，或促使企业进入再生期。当企业成熟期过后，一部分企业获得了再创业、再发展的机会，进入再生期；而另一部分企业则进入衰退期，进而在市场竞争中被淘汰，企业就会衰退甚至死亡。这一阶段要求企业家必须具备较强的革新魄力和创新能力，对企业进行全面变革，推动企业再生和持续发展。在企业生命周期的衰退、再生阶段，家长式领导的三种方法——威权领导、仁慈领导和德行领导都存在。威权领导保证企业家对企业的变革和创新措施得以贯彻执行，仁慈领导和德行领导保证变革和创新的压力有充分的释放途径。这三种方法共同作用，推动企业避开衰退，走向新生。

后来有学者发现，家长式领导不只存在于中国社会，有证据表明，在一些具有集体主义和高权力距离文化特征的非西方国家和地区也存在家长式领导。除了来自亚太、中东和拉丁美洲等国家和地区的证据表明家长式领导普遍存在之外，最近就连对家长式领导还持有保留态度的处于西方文化背景下的个别国家，也开始出现家长式领导的迹象。

除了家长式领导之外，其他学者根据中国国情也探索出具有中国特色的领导力模型，如杨思卓（2008）建立了领导力六维模型，提出由六种能力组合成领导力，包括学习力、决断力、组织力、教导力、执行力和感召力。学习力就是通过学习来改变自己、适应变化的能力；决断力是决策和判断是非的能力；组织力是整合内外部资源的能力；教导力是指善于培养下属和复制优秀团队的能力；执行力就是推动组织执行的能力；感召力是吸引他人追随的能力。他认为，每个领导者在这六种能力方面都会存在不同程度的强和弱，只有优势互补和短项专攻，才能提升领导力。在针对企业家群体的研究中，中国企业家调查系统自1993年开始对中国企业家的发展情况进行每年一度的问卷跟踪调查研究，调查的内容以企业家的成长和企业发展为主线，从创新、诚信、文化、行为特征、学习能力与素质、价值观和社会责任等方面对企业家精神的有关内容进行探索。调查结果发现，中国企业家普遍认同创新、敬业、责任感、乐于奉献、实现自我价值是企业家精神的重要内涵（李兰，2009）。

（三）西方领导力理论与实践经验在中国的应用

理论是在一定文化背景下产生的，而且与社会的发展程度、社会体制和经济环境等因素相关联。因此，并不是所有的理论都是放之四海而皆准的，我们本着"古为今用，洋为中用"的思想，对外来文化的态度应该是批判性吸收外国文化中一切有益的东西，为我所用。那种缺乏有机结合而全盘接受或一概排斥的态度都是错误的。虽然西方在现代领导力理论方面的研究比中国早，有着丰富的领导力理论与实践，但西方的文化与中国的文化存在较大的差异，社会的发展程度也不一样，如西方国家倾向于低权力距离文化、个人主义和线性思维方式，而中国倾向于高权力距离文化、集体主义和整体思维等。因此，源于西方的领导力理论与实践并不完全适用于中国。

加洛（2008）研究西方领导力理论在中国的实践应用情况和探索中国式领导力特质的研究结果具有重要的参考价值，人们可以据此了解一个西方研究者是如何看待中国企业领导力的。他来中国从事高管领导力开发工作前已拥有 30 年的企业经营与管理经验，他提出了如何将西方领导力理论与中国传统智慧相融合，使源自西方的领导力理论在中国的企业中更有效地运用，而不是生搬硬套。加洛讨论了关于西方领导力模式在中国的应用情况，并列举了由詹姆斯·库泽斯和巴里·波斯纳合著的《领导力挑战》中所提出的受人追捧的领导力模式作为案例。这部权威著作销量已超过 100 万册，并被翻译成多种语言。书中提出了卓越领导者的五种行为：以身作则、共启愿景、挑战现状、使众人行和激励人心。2004 年，伊丽莎白·韦尔登对这五种领导行为在中国的应用情况进行了调查研究。结果显示，以身作则和共启愿景两种行为在中国行之有效，而后面的三种行为则需要调整，不能完全适用于中国企业管理。这部享誉全球的领导力名著所提出的领导力模式结果尚且如此，其他同类作品就更难说了。

加洛还将中西方领导力特质进行了对比，他认为中西方共有的领导力特质有：为人诚实、具有建立信任的能力、有同情心、情商高、勇于担当、鼓励团队协作与符合职业道德的工作实践。而有别于西方领导力的中国领导力的独特特质，包括悟性、中庸、爱国主义、融合西方最佳实践与中国智慧、整体观念和迂回能力。

中西方对领导力理论的探索起步时间不一样，文化背景也不一样。因此，中西方在领导力理论与实践方面存在差异是自然而然的事情。

（四）领导力的培养

关于领导者是否可以培养的问题，早期的"伟人"理论认为领导者是天生的，是不可以培养的。但也有学者持相反意见，如班尼斯（Bennis）认为领导者不是天生的，可以通过培养和自身修炼成为领导者。理论指导实践，学习可以使人进步。因此，任何有梦想与决心的人，都能够通过学习形成企业家精神。理论与实践的结合对于培养企业家而言是必需的，而且，实践对于培养企业家更重要。虽然企业家是可以培养的，但并不是任何人都可以被培养成企业家，只有那些具有企业家潜能的人才具有培养的价值。政府是不能培养出企业家的，只能创造有利于企业家生存的环境，包括投资环境、经营环境、竞争环境、私有财产保护等。市场是培养企业家的唯一途径，也有人说商学院是培养不出企业家的，但商学院能为有机会成为企业家和已经是企业家的人提供一个提升自我的学习平台，这就是商学院存在的价值。不管怎样，可以肯定的是，领导力是可以通过学习来提升的。

对于中国企业领导者的发展状况，加洛的调查结果显示，大多企业领导者缺乏领导力，而且领导力的发展计划效力欠佳，企业因此而蒙受了巨大的经济损失。高层管理人员经验不足，无法承担公司赋予他们的领导重任，而且多数高管是因为技术好才走上了领导岗位，而不是因为领导有方。因此，解决中国面临的领导力短缺问题仍然任重而道远。他认为妨碍中国企业领导力提升的因素有：过分注重短期效益、专业技能和经验缺乏、公司内部人才缺乏、给员工提供领导力开发的时间不足和缺乏尝试新事物的精神。企业家的自身素质，如知识、经验、性格、成长经历等影响企业家的领导能力，而企业家的领导能力又影响企业的绩效和发展。中国的经济经历了改革开放以来40多年的高速发展，目前正处于转型期，加上全球的商业环境正在加速变化，当今互联网的发展改变了传统的商业模式，因人口红利的逐步消失而出现劳动力短缺，人工智能和工业4.0的来临掀起了第四次工业革命。这些因素必然会引起新一轮的商业竞争。在这种情况下，中国企业家将面临新的挑战。因此，加强对企业家领导力的培养非常有必要。

政府也提倡加强对企业家的培养。2017年9月25日，中共中央、国务院印发的《关于营造企业家健康成长环境 弘扬优秀企业家精神 更好发挥企业家作用的意见》中提出，要加强优秀企业家的培育，将培养企业家队伍与实施国家重大战略同步谋划、同步推进，在实践中培养一批具有全球战略眼光、市场开拓精神、管理创新能力和社会责任感的优秀企业家。为了加强对企业家的教育培训，需要加快建立健全企业家培训体系。政府支持高等学校、科研机构、行业协会商会等开展精准化的理论培训、政策培训、科技培训、管理培训和法规培训。

既然领导者是可以培养的，领导力是可以学习的，那么，企业家究竟怎样学习才能有效提升自己的领导力？企业家应该采取先分析，再制定计划，最后实施计划的方式来提升领导力。企业在发展的不同阶段和不同规模下，对企业家领导力的要求也有所不同，企业家需要学习的内容也不一样。所以，企业家首先要清楚企业现在处于什么阶段（创业期、成长期、成熟期、衰退期），结合企业的规模情况，确定这一阶段需要企业家具备什么样的领导力，再对比自己的领导力水平现状，然后采取"缺什么，补什么"的方法，再制定相应的学习计划，做到有的放矢，不盲目学习，最后就是实施学习计划和阶段性总结学习情况。学习的方式一般有参加社会各种机构举办的培训课程，或参加大学、院校的 EMBA（高级管理人员工商管理硕士）和 EDP（高级经理人发展课程）培训，或聘请咨询公司进行一对一的教练式培训，还有进行自学的方式，如阅读相关书籍和资料等。在这几种方式中，企业家可以根据自己的实际情况选取一种方式，或几种方式同时进行。

二、企业家领导力的定义

传统的研究方法已难以满足当今社会发展和竞争环境之下的领导力发展研究需要，而且学者们对这种状况已经达成共识。在这种情况下，一种新的利用企业家精神和领导力构成的多样性的研究领域应运而生，叫作"企业家领导力"（Entrepreneurial Leadership）。这是西方学者创造的一个新概念。企业家领导力是领导力和企业家精神研究领域出现的一个新范式。

关于企业家领导力的定义，赫亚兹、马利基和纳埃基（2012）的定义是：企业家领导力是对追随者展示愿景、做出承诺和承担风险的动态过程，通过发现和利用新资源产生有效利用资源的机会，从而达成领导者的愿景。事实上，企业家领导力包括所有朝公司目标不断产生价值的经理人需要的所有能力，这种能力是高瞻远瞩的，影响着团队成员的表现，致力于发现和探索商机去创造价值并实现公司目标。企业家领导力的突出特征有创新、创造、团队建设、竞争、愿景、解决问题、决策、冒险，最重要的作用是通过发现新的机遇和制定新的战略来创造价值，从而获得竞争优势。

领导力在企业家创业的过程中扮演着重要的角色。企业家领导力是一种新的领导力方式，而且是一种高效的领导力风格。这种风格表现为强烈的成就感、理智的冒险、高度的热情和创新与创造力、在机会出现时迅速行动、紧迫而有忍耐力、高瞻远瞩而坚忍不拔、讨厌等级制度和官僚作风等。有学者对企业家领导力的具体构成要素做了细分，例如，赫亚兹、马利基和纳埃基描述企业家领导力是一个表现愿景、在面对可整合资源时对追随者做出承诺的动态过程。企业家领导力主要包括战略、沟通、个人和动机 4 类有效因素，又可以细分为 35 个具体因素，如表 2-4 所示。

表 2-4 企业家领导力的有效因素

因素	具体说明
战略因素	1. 为追随者制定愿景
	2. 预测将来会遇到的问题和危机
	3. 整体观点和避免细节化
	4. 决策的灵活性
	5. 危机中寻找机会
	6. 愿意投资风险项目
	7. 为研究公司的环境变化而建立一个信息系统
	8. 预测未来发生事件的能力
	9. 商业决策中的经济直觉
	10. 有准备应对意外事件
沟通因素	11. 说服追随者
	12. 对他人表现出同理心
	13. 避免破坏性冲突
	14. 积极聆听
	15. 在冲突事件中控制情绪

续表

因素	具体说明
沟通因素	16. 激发追随者的自信心
	17. 参与下属的活动
	18. 定期召开会议，获取下属的信息反馈
	19. 在社会交往中洞察别人的情感反应
个人因素	20. 情绪稳定
	21. 在做事和新方法上有创造力
	22. 积极参与分配的任务
	23. 以开放的心态处理事件
	24. 谦逊虚心
	25. 有解决问题的勇气
	26. 把人和事放在合适的位置
	27. 坦率和真诚
	28. 遵守纪律
激励（动机）因素	29. 用自信心影响他人
	30. 喜欢影响他人
	31. 具有追求商业成功的动力
	32. 具有了解下属需求的能力
	33. 令下属不断进步
	34. 具有完成艰难工作的动力
	35. 传递给他人积极的情绪（正能量）

资料来源：Hejazi S A M，Maleki M M，Naeiji M J. Designing as Cale For Measuring Entrepreneurial Leadership in SMEs，International Conference on Economic Marking and Management [M]. Singapore：LACSIT press，2012.

尽管人们对企业家领导力这个领域越来越感兴趣，且已有学者给出了相关的解释，但对企业家领导力的学术研究目前还缺乏成熟的经验基础。理论概念自产生到成熟需要一个过程，自西方学者提出企业家领导力的新领导力风格后，在中国，人们对这个新概念的研究还处于探索阶段。

三、企业家领导力模型的构成要素

许多文献资料关注领导力对于组织绩效的重要影响。高效领导力被视为组织成功的关键，而高效领导力取决于领导者的能力。如果人们只有好的管理能力而缺乏领导技能，就只能取得一般的成功，只有具备突出的管理能力和领导技能的人才能取得长远和卓越的成功。企业家不仅在创业时期决定企业的生死存亡，在发展时期依然是企业成功的一个决定因素，企业家的行为结果也是其自身综合素质的体现。这种综合素质不仅包括实现企业目标的独特能力，还包括企业家特有的精神特征。换而言之，这种综合素质就是企业家在精神和能力两个方面的综合体现。在针对企业家群体与领导力方面的研究过程中，理论与实践结合的必要性促使人们对理论的研究也与时俱进。

企业家作为领导者，要在未来的发展中获得竞争优势，就必须提升自身的素质，应该具备一些能力特征。正如詹姆斯·库泽西和巴里·波斯纳发现，在具有不同的国家、文化、民族、组织、性别、教育水平和年龄特征的人群中，大多数人认为领导者必须具备诚实、高瞻远瞩、鼓舞人心和有能力这些特征。党的十九大召开后，中国确立了未来的发展路线，新时代下的中国企业家面临着新的机遇与挑战。因此，企业家领导力更是值得探索的一个领域。

前面已论述了不是所有的西方领导力理论与实践经验都在中国行之有效。因此，我们只能"洋为中用"，借鉴西方的领导力理论与实践经验，然后根据国情而制定适用于当今，甚至着眼于未来的中国企业家领导力模式。一个优秀的企业家，应该具有与时俱进的企业家精神、丰富的知识和经验、卓越的领导能力、健康的体魄和心智。因此，符合中国国情的企业家领导力模型应该由企业家精神（Entrepreneurship）、领导力（Leadership）和健康商数（Health Quotient）三部分构成（如表2-5所示），每一部分又由若干因素组成，而每个因素都由若干个子因素组成，最终形成了一个多层次系统的素质综合体，我们将其定义为企业家领导力三角模型。然而，企业家精神、领导力和健康商数的构成子因素并非一成不变，而是会根据企业内外部环境的变化而相应增加或减少。不仅如此，构成这三部分的若干个子因素的强弱程度也会随着企业家自身的学习能力、年龄和身体健康等情况的变化发生相应的变化。另外，这些构成因素也会因为每个企业家自身的素质不同而呈现出强弱或增减之差别。因此，企业家领导力是指企业家的精神素质、领导力和健康素质的综合体现。

表 2-5 企业家领导力三角模型构成要素

企业家领导力	企业家精神	冒险精神、创新精神、敬业精神、诚信精神、责任感和爱国主义精神
	领导力	管理商（MQ）：组织能力、善于沟通、发展他人、行动能力、控制能力
		智商（IQ）：战略眼光、决策能力、创新能力、应变能力、悟性、学习能力
		情商（EQ）：自我意识、自我管理
	健康商数	健康意识、健康知识和健康能力

资料来源：谭智颖. 企业家领导力 [M]. 北京：经济管理出版社，2018.

根据企业家领导力三角模型的企业家精神（Entrepreneurship）、领导力（Leadership）和健康商数（Health Quotient）三个构成因素，我们分别对各个因素的内涵和它们之间的关系进行阐释。企业家领导力三角模型的企业家精神因素是指主导企业家整体素质的行为导向因素，是企业家从事商业活动的行为指引，包括冒险精神、创新精神、敬业精神、诚信精神、责任感和爱国主义精神。领导力因素是指企业家经营管理企业需要的基本的能力素质，包括管理商（MQ）方面的组织能力、善于沟通、发展他人、行动能力、控制能力，智商（IQ）方面的战略眼光、决策能力、创新能力、应变能力、悟性、学习能力，情商（EQ）方面的自我意识和自我管理。健康商数是指企业家对自身的身心健康状况进行有效管理的能力，包括健康意识、健康知识和健康能力。

就这三个构成因素的相互关系而言，企业家精神对领导力和健康商数起引领作用。精神与能力是两个不同范畴的概念：精神是一种思想和意识形态的表现，而能力是指完成一项任务或达到预定目标的素质体现。也就是说，精神不等于能力，具有某种精神并不代表一定有实现目标的能力。例如，有创新精神，但不一定具有创新能力，正如企业家都想把自己的企业经营好，但现实中并不是每一个企业家都有能力做到这一点。精神是人的意识和行动的原动力。意识决定行为。换而言之，就是先有精神，才有行动，精神引领行动，而企业家行动的程度直接影响着领导力和健康商数的结果。因此，企业家不仅需要具有经营管理好企业所需要的精神，还需要具有在精神引领下实现企业目标的能力。另外，企业家的身心健康状态同样会影响到他们的意识和能力的发挥，会对企业家精神和领导力两个因素产生直接影响。总而言之，企业家领导力的三个构成因素是相互作用的（如图 2-1 所示），它们所产生的效能体现为企业家的综合素质，而企业家的综合素质状况又会直接影响企业的绩效和发展命运。企业家的综合素质越高，越有利于企业的发展。企业家领导力也是一种哲学思想在实践应用中的体现。

图 2-1 企业家领导力三个构成因素之间的关系

资料来源：谭智颖. 企业家领导力［M］. 北京：经济管理出版社，2018.

四、企业家领导力与公司治理体系和治理能力

公司治理体系是决定企业可持续健康发展的关键。公司治理能力则是公司治理体系能够有效实施的强力保障。公司治理体系和治理能力属于一家企业的上层建筑，决定企业的发展命运。企业规模越大，公司治理体系和治理能力的重要性越凸显。企业家领导力直接影响公司治理体系和治理能力的建设与

成效。

公司治理体系在明确公司所有权和经营权的基础上，完善对职业经理人的科学授权和监管，构建符合公司发展需要的权力组织机构，以保障利益相关者的权益和实现企业经济效益目标。《中华人民共和国公司法》对公司治理有明确的规范要求。股东（大）会、董事会、监事会和经理层是公司治理体系的核心权力组成部分。股东（大）会是由全体股东组成的，是企业所有权的拥有者，属于公司最高权力机构，负责公司经营管理的重大事项决策，其他机构都由它产生并对其负责。董事会是由股东（大）会选举的董事组成，负责执行股东（大）会决议的职能机构。根据公司的实际需要，董事会内部一般会设立战略委员会、薪酬与考核（人力资源）委员会、审计委员会等不同的专业委员会，以便协助董事会更好地进行决策。监事会由股东代表和适当比例的公司职工代表组成，职工代表由公司职工通过职工代表大会、职工大会或者其他形式的民主选举产生。监事会对股东（大）会负责，监督公司的经营管理情况。经理层负责执行公司的决策，总经理是经理层的最高负责人。公司治理的关键是明确董事会、总经理和监事会三者的职、责、权及利益关系，三者各司其职，相互协调，有序开展工作，才能保障企业运行的有效性、安全性和成长性，才能有效解决企业的风险控制、收益和利益分配问题。公司治理机构功能完善，并根据企业的实际情况制定相关制度，构成完善的公司治理体系，这是企业健康发展的前提条件。根据目前中国企业公司治理体系的完善程度，我们可以将国内企业区分为上市企业和非上市企业两大类，其中非上市企业又包括国有企业和民营企业两类。上市企业的公司治理体系相对于非上市企业更完善，因为上市企业必须符合上市的有关政策制度的要求，但也有个别上市企业弄虚作假，没有认真执行有关政策措施，仅2023年，被中国证券监督管理委员会（以下简称证监会）处罚的企业不少于10家，被罚的原因主要是财务造假，虚增收入或虚增利润。即使是改革开放后曾轰动世界的我国公开发行的第一只股票，被称为"新中国第一股"的"小飞乐"上海飞乐音响股份有限公司也曾被列入被罚名单之中。2019年7月3日，飞乐音响收到证监会的《调查通知书》，10月23日，又收到证监会的《行政处罚事先告知书》，被罚款60万元。

原因是飞乐音响存在业绩预增公告不准确的行为，在 2017 年半年度报告合并财务报表虚增营业收入 1.8 亿元、虚增利润总额 3784 万元；2017 年第三季度报告虚增营业收入 7.21 亿元，虚增利润总额 1.51 亿元。在非上市企业中，国有企业除了要遵守《中华人民共和国公司法》之外，还受国有资产监督管理委员会（以下简称国资委）的监管，要遵守有关监管规章制度，所以即使有的国有企业没有上市，在公司治理体系上也是比较完善的。非上市的民营企业在公司治理方面的表现在所有不同属性的企业中是最不完善的，导致这种现象的主要原因是许多民营企业一开始是由亲戚朋友一起创业而发展起来的，而且以中小型企业为主。民营企业的创业模式使许多民营企业带有明显的家族式企业的特征。在中国传统文化的影响下，家族式企业基本上采取的是"家长式管理"。民营企业的所有权和经营权呈现一体化，基本没有分离，股权集中在创业者手中，股东和总经理两个角色合二为一，董事会成摆设，公司治理机制自然也不完善。在创业初期，企业规模小，业务单一，这种简单的治理模式具有决策效率高、管理成本低和人员稳定等优势。但随着企业规模的不断扩大，业务扩张，管理层级增加，而人的时间和精力是有限的，一人独大的局面容易增加企业决策失误的风险，只靠老板一人决策的模式会制约企业的发展，也不利于人才的引进与培养。因此，民营企业要健康发展，就要完善公司治理体系。

公司治理的成效除了以公司治理体系建设为基础之外，还需要公司治理机构管理人员的综合素质作为保障，人员素质越高，越有利于提高公司治理水平，也越能保障既定的企业经营管理目标有效实现。当今世界正经历百年未有之大变局，全球政治经济格局加速重组，企业外部不确定性因素增加，企业的生存发展面临着更大的挑战。这对企业管理人员的知识结构、能力水平和综合素质提出了更高的要求。因此，管理人员必须加强学习，打造学习型组织，不断提升公司的治理能力，才能保障企业的竞争优势。

在公司治理体系建设方面，华为虽然是民营企业，但其公司治理模式却是独树一帜，值得借鉴学习。华为能够成为全球通信行业的领导者，与其在世界 500 强企业中独一无二的公司治理体系和强大的治理能力密不可分。这也是高层领导者的超强企业家领导力的体现。目前，华为虽然已跻身于世界 500 强企业的行列，但并不是上市公司，这在世界500强企业中是一个例外。然而，华为并没有因为不是上市公司而忽视公司治理体系的建设，正好相反，华为十分重视公司治理体系的建设，并卓有成效。首先，华为明确公司的价值观是"以客户为中心，为客户创造价值"。在这个价值观的指引下，华为拥有完善的内部治理架构，各治理机构权责清晰、责任聚焦，但又分权制衡，使权力闭合循环，在循环中科学更替。华为设置的主要治理机构有股东会和持股员工代表会、董事会、监事会、独立审计师和内部控制等。股东会是公司权力机构，由工会和任正非两名股东组成，对公司增资、利润分配、选举董事/监事等重大事项做出决策。履行股东职责、行使股东权利的机构是持股员工代表会。持股员工代表会由不超过115名持股员工代表组成，代表全体持股员工行使有关权利。持股员工代表和候补持股员工代表由享有选举权的持股员工选举产生，任期5年。持股员工代表缺位时，由候补持股员工代表依次递补。享有选举权的持股员工一股一票选举产生持股员工代表会，持股员工代表会一人一票选举产生公司董事会、监事会。持股员工代表会及其选举产生的公司董事会、监事会对公司重大事项进行决策、管理和监督。董事会是公司战略、经营管理和客户满意度的最高责任机构，承担带领公司前进的使命，行使公司战略与经营管理决策权，确保客户与股东的利益得到维护。董事会设常务委员会，常务委员会是董事会的常设执行机构，受董事会委托对重大事项进行研究酝酿，就董事会授权的事项进行决策并监督执行。监事会是公司的最高监督机构，代表股东行使监督权，其基本职权包括领袖管理、业务审视和战略前瞻。独立审计师负责审计年度财务报表，根据会计准则和审计程序，评估财务报表是否真实和公允，对财务报表发表审计意见，还与审计委员会共同商讨审计中可能遇到的问题、困难以及管理层的支持情况。内部控制体系包括控制环境、风险评估、控制活动、信息与沟通、监督五大部分，适用于公司所有工作流程、子公司以及业务单元，同时涵盖了财务报告内控体系，以确保财务报告的真实、完整、准确。其次，华为在公司治理方面的一大特点是在公司治理层实行集体领导，目的是不把公司的命运系于个人身上，以规避个人决策的偏激性和缺陷性给企业带来的风险，要求集体领导必须遵循公司的共同价值、责任聚焦、民主集中、分权制衡、自我批判的原则。最后，华为的董事长和 CEO 轮值制度是华为公司治理体系和公司治理能力建设的独特之处。华为公司的董事会及董事会常务委员会由轮值董事长主持，轮值董事长在当值期间是公司最高领导人。轮值董事长的轮值期为半年。CEO 轮值制度是指轮值 CEO 负责召集和主持公司会议，统筹公司的日常经营管理工作，对履行职责的情况及时向董事会成员、监事会成员通报。目前华为 CEO 由三名副董事长轮流担任，每人轮值半年。

企业家在企业中具有特殊作用，决定企业的兴衰成败。因此，企业家领导力的水平影响公司治理体系和治理能力的建设，其中责任心、诚信精神和爱国主义精神等企业家精神是引领企业诚信经营、遵纪守法、保护股东利益、勇于承担社会责任、忠于国家和民族的行动风向标。

第三章 企业家精神

一、定义

关于企业家的定义，我们已在第一章中做了介绍。对于企业家精神的含义，人们有不同的解释。人们在使用"企业家"和"企业家精神"这两个概念的过程中常常将二者等同，但它们在本质上是有区别的。通常情况下，企业家指人，而企业家精神则是一个抽象概念，具体是指企业家精神层面的意识形态、价值观、思维方式和心理状态，包括道德品质，如诚实、正直、责任心等。企业家精神是企业家行为的指引准则，是企业家自身素质的一个构成部分。本章我们分别从学者、企业家和政府三个不同的角度来看他们对于企业家精神的理解，探索中国古代企业家精神的传承概况。

（一）对企业家精神的解读

企业家精神被认为是一种社会稀缺的无形资源。企业家精神最早是由弗兰克·奈特正式提出来的，指企业家的才能和才华。后来也有人认同这种观点，出现将企业家精神作为企业家综合素质的代名词的现象。事实上，企业家精神只能反映出企业家精神方面的素质，而不能代表全部素质，所以这种观点存在以偏概全的问题，具有局限性。随着社会的发展，人们对企业家精神的认识不断深入，企业家精神也被赋予越来越多的含义。中外学者普遍认为创新、承担风险、积极主动、锐意进取、风格和品质等是企业家精神的显著特征。除此之外，他们对企业家精神又有各自的具体解读，国外学者彼得·德鲁克认为无论是对个人还是对组织而言，企业家精神都是一种独有的特征，但不是人格特征，这种特征就是创新。但是，创新只是企业家精神中的一种特征，还有其他方面的精神特征，所以不能将企业家精神解读为创新。兰德斯、莫克和鲍莫尔（2016）解释企业家精神是指对收益机会高度敏感而且极其渴望利用这类机会的人所具有的精神。换而言之，企业家精神代表一种行为方式，通过获取和管理资源去寻找商业机遇，发现和开发有利可图的生意，目的是创造个人财富，以及由此产生的结果也是创造社会价值，从事这种活动的可以是个人、团队或组织。这些活动包括尝试新业务，如自我创业，建立一个新的商业组织，或扩展现有的业务；尝试创造新的公共活动，如新的公共机构，或扩展现有的机构；任何创新的尝试，如推出新产品或服务、新的战略发展、新的资源组织、进入新市场、创造新领域，或任何增加经济价值或社会价值的行动。这些活动涉及的要素有控制点、自我效能感、风险倾向、创造力、自信、感知机会的能力、领导力、责任心，以及所有其他的个人认知和感性的企业家特征。因此，企业家精神是获得竞争优势和超越竞争者的基础。

国内学者丁栋虹（2015）认为企业家精神是指企业家在运营企业的过程中体现出来的心理状态、价值观点、思维方式和精神素质。企业家精神是通过企业家行为表现出来的，体现在企业的商品生产和经营活动中。他还提出企业家精神可分为三个层次，包括个体层次的企业家精神、公司层次的企业家精神和社会层次的企业家精神。个体层次的企业家精神是以创新精神为核心的一种综合精神品质，包括冒险精神、敬业精神、合作精神和强烈的社会责任感等。公司层次的企业家精神是指一个企业、一个组织所具有的创新、进取、合作等价值观和理念，是个体层次的企业家精神在组织层次的延伸和体现，属于企业（组织）文化的较高层次。社会层次的企业家精神是指通过激发社会的创新和创业热情而使企业家精神成为推动社会经济增长的动力。企业家精神还体现为契约精神、诚信精神、敬业精神、奉献精神和民族精神。

从企业家自身的角度来看，海尔集团前董事局主席兼首席执行官张瑞敏认为新时代下要重构企业的战略成长，企业家精神要包含更高的追求，更宽广的胸怀，更高的境界。这种新的企业家精神有三个核心要素：运筹能力、历史使命感和更大的格局。2021年11月1日，在青岛首个"企业家日"座谈会上，张瑞敏又提出："我对企业家精神的理解可能不太一样，我认为企业家精神强调的绝对不是企业家应该具有的精神，而且企业家应该创造一个环境，让每个人都拥有企业家精神。"

万向集团创始人鲁冠球认为企业家精神应该归纳为勇于创新、敢于冒险。这种创新必须建立在感恩和责任的基础上。吃苦、肯干、坚韧是鲁冠球表现出来的企业家精神的最大特征，那是一种勇往直前的精神，耐得住寂寞，承受得起失败，认准的事情坚持不懈。

新希望集团董事长刘永好认为，所谓企业家精神，不仅包括勤奋、吃苦、努力，更要有关爱，爱家庭、爱员工、爱社会、爱所从事的这个行业。有了爱，有了创造，有了担当，还要创新和变革。

中国知名体育运动装备品牌"李宁牌"的创始人李宁对企业家精神的理解是，企业家精神是天生的，企业家有梦想而执着，有热情才有创造性，有独到的、不可复制的想象力，有很强的韧性与坚持精神。

王石认为企业家精神一定包含对社会的某种担当、承担。既然是担当、承担，就要承受一般人想象不到的东西。企业家精神中要有这种承受力和自制力，但更重要的是要有一种破坏性的创造。"我理解的企业家精神，是指用企业家的精神来概括的一种精神，它绝对不是单指企业家，也包括做学术的教授，包括政府官员等。"

万达集团董事长王健林认为，企业家精神"首先是冒险精神，敢闯敢试，敢于冒险"。在王健林看来，坚持精神和责任精神，是企业家精神的另外两项内涵。至于做企业的目的，王健林的答案是，企业最高的追求是成为社会企业。

从组织层面（政府）来解读，当今中国被誉为"世界经济的驱动器"，而企业家则被认为是中国过去30多年经济高速增长的重要因素。因此，除了学者和企业家从个人层面对企业家精神进行阐释外，组织层面的政府也倡导弘扬企业家精神。2017年，中共中央、国务院出台的《关于营造企业家健康成长环境 弘扬优秀企业家精神 更好发挥企业家作用的意见》中提到，要弘扬企业家的爱国敬业、遵纪守法、艰苦奋斗、创新发展、专注品质、追求卓越、履行社会责任、敢于担当和服务社会的精神。这是自1949年中华人民共和国成立以来，中央政府第一次以专门文件的形式对企业家精神、企业家的社会地位和合法权益保护等做出的明确规定。党的第十九次全国代表大会（以下简称党的十九大）报告中，明确提出"激发和保护企业家精神，鼓励更多社会主体投入创新创业"。这体现了当今政府对企业家精神的重视和要求。

综上所述，学者、企业家和政府对企业家精神的界定存在差异，侧重点有所不同，特别是在中西方的观点对比上，西方的学者和企业家通常只会提及伦理道德和社会责任感。而在中国，无论是学者、企业家，还是政府，在此之外，还会倡导家国情怀和爱国主义精神。

（二）中国古代企业家精神的传承

在中国漫长的文明发展历程中，商业活动是推动社会发展的一支重要力量，而在商业活动中，涌现出不少商业文明先驱和商业奇才，包括司马迁在《史记·货殖列传》中所列举的众富商大贾。他们的致富故事体现出古人的经商之道，后人也可以从他们的身上探索古人的企业家精神。

1. 王亥

王亥（公元前1854年—公元前1803年），夏朝时期商丘人，商族，阏伯的六世孙，冥的长子。王亥是王姓始祖。王亥的父亲冥被夏朝君主派去黄河治水，王亥早年随父亲到黄河协助治水并立了大功。其父亲在夏杼十三年身亡后，王亥便成为商族的第七任首领。

王亥的祖先懂得圈养马匹，并发明了用马拉车驮物的运输方式。到了王亥做部落首领的时候，马的使用陷入了困境。因为那时候的马是从西北地区迁来的，并不适应中原的生活环境，而且马的劳役很重，饲养起来又困难，导致马匹的数量逐渐减少，不能满足拉车、运货和作战的需求。如何才能让牛代替马来拉车呢？王亥经过摸索，想到了把牛的鼻子弄穿，然后拴上绳索就可以将牛驯服的办法。这就是史书上所说的"王亥服牛"的故事。王亥可能想不到，他发明的这一简单方法竟被沿用了3800多年，一直到今天人们依然在使用。

牛被驯服后，能代替马拉车、驮物。这一发明不仅使当时人们的运输能力大幅提高，而且使人们对运输工具又多了一个选择。虽然牛走路的速度不及马快，但牛在饲养和使用方面却比马容易。王亥重视畜牧业，不仅养猪，还驯养马、牛。商族部落的农业和畜牧业快速发展起来，既极大地改善了人们的生活，又推动了社会的进步。马车、牛车作为运输工具，在为交通提供便利、使人们的活动范围扩大的同时，也促进了贸易的发展。王亥也因此受到族人的尊敬。

商族部落在王亥的领导下迅速强大起来，他们生产的产品也有了剩余。于是王亥与四周部落进行"以物易物"的商业贸易活动，有效地缓解了农牧产品过剩的问题。商族人开了使用马、牛拉车外出交易和游历的先河，他们的产品也较其他部落先进，经济也率先发展起来。随着商族部落的日渐强盛，其开始向北发展，势力扩展到黄河以北。不幸的是，有一次王亥到今河北省易县一带与有易国之君绵臣做交易时被杀，随行人员被赶走，货物也被掠夺。后来王亥的儿子上甲微为父亲报仇，借助另一个部落河伯的力量灭掉了有易氏。

继王亥之后，商族人依然沿袭传统习惯，利用牛车和马车拉着货物到各部落进行交易，并逐渐形成了专门到远方贩运货物的商人群体。由于这些从事贸易的人原来都属于商部落，其他部落的人就称他们为"商人"。虽然后来其他部落的人看到贸易这个行业有利可图，也逐渐加入这个行列，但"商人"这一称呼并未改变，而且一直沿用至今。商人所从事的交易活动就是商业活动。而商部落最早进行贸易活动的王亥，被后人誉为"商业始祖"。所以现今的河南商丘也就成了中国"商族""商人"和"商业"的发源地，各地商人也不远千里纷纷来到商丘祭祀华夏商祖王亥，以祈求商祖能够保佑他们财运亨通、生意兴隆。

王亥的经商之道在于"诚信"与"仁义"。在与各国的交易中，王亥坚持以诚信为本，平等交易。根据史料记载，有一个与商国经常交往的诸侯国叫葛国。葛国是个小国，社会落后，资源贫乏，老百姓所需的粮食一直供应不足。商国一直向葛国提供粮食，平等进行各种交易。有一年葛国遭遇天灾大旱，地里庄稼颗粒无收，老百姓连树皮、草根都快吃光了。葛国国君到商国向王亥求援，恳求商国多运送些粮食到葛国，并愿意拿出比原来高一倍的物品交换。王亥没有见死不救，也没有乘人之危敛物，而是除了继续以原定的物品与葛国交换粮食外，还多提供了些粮食援助。因此，葛国国君向王亥提出愿世代交好，永结同盟。

郭沫若在《中国史稿》中写道，王亥"服牛乘马，以为专利，这样就促进了农业生产的发展，形成农、牧结合的经济，使这个部落很快兴旺起来，农业的发展促进了农业和畜牧业的分工，农业和手工业的分工也相应地扩大了。因此，商人与其他部落之间的交换也是比较活跃的。王亥（做首领）的时候，开始利用牛作为负重的工具，在各部落间进行贸易"。这是郭沫若对"相土乘马，王亥服牛"深远意义的高度评价。从简单的"以物易物"发展到复杂的商品贸易，商业的漫漫脉络也就在这里找到了源头。王亥经商很大程度上推动了中华商文化传播的进程。

2. 范蠡

范蠡（公元前536—公元前448年），春秋时期楚国人，著名的政治家、军事家、商人、经济学家和道家学者。他被后人尊称为"商圣"，是"南阳五圣"（"谋圣"姜子牙、"商圣"范蠡、"科圣"张衡、"医圣"张仲景、"智圣"诸葛亮）之一。司马迁在《史记·货殖列传》将范蠡列为第一，对其的评价是"既雪会稽之耻"，"乃治产积居。与时逐而不责于人。故善治生者，能择人而任时。十九年之中三致千金，再分散与贫交疏昆弟。此所谓富好行其德者也"。这反映了范蠡为越王勾践雪耻和经商有道两个方面的事迹。

越王勾践卧薪尝胆的故事众人皆知，但人们并不一定都知道这与范蠡息息相关。公元前494年，勾践不听范蠡劝谏，执意出兵攻打吴国，结果越国在会稽山遭遇大败。范蠡劝勾践答应吴国的任何条件以求保全性命，日后再图东山再起。根据吴越双方议和的条件，越王勾践要带着妻子到吴国去当奴仆，范蠡自愿陪同勾践夫妇在吴国为奴三年。勾践回国后，范蠡全力协助他复兴国家。他主张"强则戒骄逸，处安有备；弱则暗图强，待机而动"。勾践还听从范蠡的计谋，为了腐化吴王夫差而献上美女西施。越国经过近20年的卧薪尝胆，国力逐渐强大，范蠡建议勾践兴兵伐吴。公元前473年，越王勾践灭了吴国，吴王夫差被迫自杀。这就是司马迁所说的"既雪会稽之耻"。

范蠡在帮助越王勾践成就霸业后，并没有贪图功名利禄，而是选择了功成身退，弃官从商，立刻离开了越国。他给昔日同僚文种写信说："蜚（同'飞'）鸟尽，良弓藏；狡兔死，走狗烹。越王为人长颈鸟喙，可与共患难，不可与共乐。子何不去？"意在告诫文种，越王属于过河拆桥那类人，与他只能共患难而不能共富贵，尽快离开是上策。文种在收到信后便称病不上朝，但最终未能逃脱被赐死的命运。范蠡能提早洞悉，足见其超乎常人的智慧！传说范蠡离开越国时是与西施"同泛五湖而去"，一起出走过上了隐居的生活。

后来，范蠡辗转来到齐国海边，化名为鸱夷子皮，继续过着隐姓埋名的生活。日子安定后，范蠡一面耕作，一面捕鱼、晒盐，开始做买卖。他坚持公平买卖，货真价实，及时捕捉市场信息，经营有方，很快就积累了千金家财。而且他仗义疏财、乐善好施，声名远扬。齐王请范蠡做国相，范蠡任职三年，齐国经济得到发展。此时，范蠡又一次急流勇退，向齐王请辞，然后散尽家财给知己和老乡，举家再次漂泊。范蠡第三次迁徙至交通要地陶（今菏泽定陶区），凭借其商业天赋，不久，范蠡又成为腰缠万贯的富商大贾，并自号"陶朱公"。

范蠡一生经历了从官到商再到官，然后又回归到商的一个历程。他辅助越王勾践复国，并最终灭了吴国，不仅体现出他的政治才能，而且展现出了他的军事才能。他还曾担任齐国国相，在经济上，有治国理财的实际经验。他提出的"农末俱利"的价格政策和"平粜齐物"的经济主张对后世有重要的理论意义和实践意义。范蠡在经商上创造的奇迹就是"累十九年三致千金"，十九年三次经商成巨富，又三次散去家财。他的经商思想是薄利多销，选择经商环境，把握有利时机，贵出贱取，合理地贮存商品，加速资金周转。范蠡从实践中总结出来的经商思想，对后人有很大的影响。范蠡也是道家思想的实践者和传播者，他在长期的政治、军事和商业活动中对老子的思想加以运用和创新发展。范蠡能做到忠以报国、智以保身、商以致富，可谓千古奇人。

范蠡最后老死在陶地，享年大约88岁，世人称他为"陶朱公"。范蠡墓位于山东省菏泽市定陶区往东北的一个叫崔庄的小村落。

有人总结了范蠡的经商之道：把握行情，"人取我予"；让货等人，"待乏贸易"；诚信经商，"不求暴利"，薄利多销；因地制宜，多种经营，注重质量，不图侥幸；埋头苦干，劳动致富；尽散其财，富好行德。由此可见，功勋、财富，范蠡一个都不少，就连种田、经商也能样样成功。这样的人不愧为"治国良臣、兵家奇才、华商始祖"。

3. 子贡

孔子桃李满天下，他有一个得意门生叫子贡（公元前520年—公元前456年），卫国黎（今河南鹤壁市浚县）人，能言善辩，有着卓越的外交天赋。孔子曾以"瑚琏之器"来比喻他特别有才能，可以担当大任。子贡在《史记·货殖列传》排名第二。子贡和孔子还有一段大家熟知的对话，子贡问曰："孔文子何以谓之文也？"子曰："敏而好学，不耻下问，是以谓之文也。"子贡在25岁时拜孔子为师。在众弟子中，孔子与子贡的关系非同一般。子贡钦佩和崇敬孔子，到处宣扬孔子的道德风范和学术思想，是孔子及其学说的宣传者和捍卫者。孔子死后，弟子守孝，长达三年。三年后，他们才告别老师，临行之际，抱头痛哭。只有子贡，独自守墓，又是三年，可见子贡对孔子的特殊感情。

因为子贡通达事理，能言善辩，是卓越的社会活动家和杰出的外交家，所以他才会被鲁、卫等国聘为相辅。正因为他有政治才能，才会在出使齐、吴、越、晋四国的外交活动中得心应手，获得圆满成功。

子贡还有另外一个身份——"富二代"，他出身于商人家庭，20多岁继承祖业开始经商。子贡经营商业成绩斐然，"家累千金"，富可比"陶朱公"，在孔子的弟子中是首富。他把儒家思想运用于经商中，诚信经营，富而不骄，坚持"君子爱财，取之有道"。子贡是一位有学识的商人，诸侯不但需要他的货物，也需要他的政治见识和才学。经商成为他宣传政治主张和发挥外交才干的重要途径。"子贡结驷连骑，束帛之币以聘享诸侯。所至，国君无不分庭与之抗礼"。越王勾践甚至"除道郊迎，身御至舍"。子贡通过经商居于如此显赫的地位，因而成为孔子的代言人和杰出的外交家。

子贡在学问、政绩、经商等方面的卓越成就有目共睹，他将儒学在政治、经商方面运用到极致,在历史上可谓凤毛麟角,不愧为儒商始祖。子贡死后,葬于祖籍(今河南省鹤壁市浚县大伾山东南张庄)。

后人总结子贡的经商之道有五条:善于学习,善于沟通;了解市场行情;重情重义;讲究诚信;经营有道。子贡所独有的才能不但使他成为儒商鼻祖,更使他成为中国历史上的第一个"通人",达到了亦官亦商,亦儒亦商的最高境界。可以说子贡是我国历史上最早的儒、官一体的儒商。

4. 白圭

白圭是战国时期洛阳著名商人,师从鬼谷子。白圭在商界的地位很高,在《史记·货殖列传》中排第三位,被描述为"盖天下言治生祖白圭"。他奉行"人弃我取,人取我与"和薄利多销的经商理念,同时也较早提出优秀商人应该具备的素质:通权变,权衡利弊,把握时机,出奇制胜,勇敢果断,当机立断,仁爱之心,耐心,毅力,遵守"人弃我取,人取我与"的经营原则;还要拥有丰富的专业知识,具备"智""勇""仁""强"等素质,以及具有姜子牙的高深谋略和孙子用兵的雄韬伟略。

随着农业生产的快速发展,白圭凭着过人的洞察力,意识到农副产品也将会成为利润丰厚的商品,认为"下谷"等生活必需品,利润虽低,但成交量大,以量取胜,同样可以赚大钱,所以提出了"欲长钱,取下谷"的观点,并选择了从事农副产品生意。他学识渊博,将天文学和气象学的知识运用到做生意上,通过观察农业的四季收成情况来预测市场行情变化,进而做出买卖决策。在收获季节或丰收年,当农民大量出售谷物时,白圭就适时购进谷物,然后再将丝绸、漆器等生活必需品出售给手头比较宽裕的农民;而在蚕茧收获的季节,年景不好或是青黄不接时,出售粮食,同时收购滞销的手工业原料和产品。白圭通过这种贸易方式赚取利润,使他成为一代富商大贾。

除了上述提及的一些富商大贾的事迹和他们的经商之道外,还有一些经商世家和商帮经过岁月的沉淀积累,逐渐形成了自己的经商理念,制定了自己的经商训律,成为代代相传的商训。这些商训都值得后人借鉴。

"陶朱公"范蠡创立的商训——

能识人:知人善恶,账目不负。

能接纳：礼文相待，交往者众。

能安业：厌故喜新，商贾大病。

能整顿：货物整齐，夺人心目。

能敏捷：犹豫不决，终归无成。

能讨账：勤谨不怠，取行自多。

能用人：因才四用，任事有赖。

能辩论：生财有道，阐发愚蒙。

能办货：置货不苛，蚀本便经。

能知机：售贮随时，可称名哲。

能倡率：躬行必律，亲感自生。

能运数：多寡宽紧，酌中而行。

此外，"陶朱公"还有天、地、人、神、鬼五字商训——

天：为先天之智，经商之本。

地：为后天修为，靠诚信立身。

人：为仁义，懂取舍，讲究"君子爱财，取之有道"。

神：为勇强，遇事果敢，敢闯敢干。

鬼：为心机，手法活络，能"翻手为云，覆手为雨"，期限要约定，切勿延迟，延迟则信用失。

在晋商的乔家大院里，挂着乔氏商训，上面写着"经商处事首以'信'为重，其次是'义'，第三才是'利'。唯无私才可讼大公，唯大公才可以无怨，宁愿自己赔钱，也要维护商号名声"。

商帮团体也形成了自己的商训，如徽商商训——

斯商：不以见利为利，以诚为利。

斯业：不以富贵为贵，以和为贵。

斯买：不以压价为价，以衡为价。

斯卖：不以赚赢为赢，以信为赢。

斯货：不以奇货为货，以需为货。

斯财：不以敛财为财，以均为财。

斯诺：不以应答为答，以真为答。

在中国几千年的商业史上，从商族人王亥或比王亥更早的商人到今天纵横捭阖的企业家们，他们的企业家精神在跨越千年的传承中没有因为时代的变迁和朝代的更迭而流失，而是被一代又一代的优秀企业家们当作金科玉律而坚持践行着。他们的企业家精神主要有冒险精神、创新精神、诚实守信、勤俭精神、乐善好施和爱国主义精神。

（三）新时代下企业家精神的新内涵

不同的历史时期、不同的社会环境、不同的国家和地区、不同的企业，对企业家精神有着不同的要求，甚至是同一个企业在不同的发展阶段和不同规模下，对企业家精神的要求都有不同的侧重点，所倡导的要素也不一样。换而言之，企业家精神的构成要素也是动态变化的，而不是一成不变的，更不是千篇一律、放之四海而皆准的。

党的十九大的召开，宣告了新时代的到来，新时代势必也会赋予企业家精神新的内涵。那么，新时代需要什么样的企业家精神呢？党中央在党的十九大召开之前首次发布的关于企业家精神的正式文件中给出了明确答案。2017年9月25日，中共中央、国务院关于《营造企业家健康成长环境 弘扬优秀企业家精神 更好发挥企业家作用的意见》正式出台，对弘扬新时代优秀企业家精神提出了要求，具体有以下三个方面：一是弘扬企业家爱国敬业、遵纪守法、艰苦奋斗的精神。企业家应该具有国家使命感和民族自豪感，并要正确处理国家利益、企业利益、员工利益和个人利益的关系，把个人理想融入民族复兴的伟大实践中。企业家要自觉依法合规经营，依法治企、依法维权，强化诚信意识，主动抵制逃税漏税、走私贩私、制假贩假、污染环境、侵犯知识产权等违法行为，不做偷工减料、缺斤短两、以次充好等违背道德的事。企业家应自强不息、勤俭节约，反对享乐主义，力戒奢靡之风，保持健康向上的生活情趣。二是弘扬企业家创新发展、专注品质、追求卓越的精神。李克强同志曾对中外企业家说："创新不单是技术创新，更包括体制机制创新、管理创新、模式创新，中国30多年来的改革开放本身就是规模宏大的创新行动，今后创新发展的巨大潜能仍然蕴藏在制度变革之中。"因此，企业家应该持续推进产品创新、技术创新、商业模式创新、管理创新、制度创新，将创新创业作为终生追求。企业家要弘扬"工匠精神"，专注专长领域，加强企业质量管理，把产品和服务做精做细，立志于"百年老店"持久经营与传承。企业家应弘扬敢闯敢试、敢为天下先、敢于承担风险的精神，要敏锐捕捉市场机遇，不断开拓进取、拼搏奋进。三是弘扬企业家履行责任、敢于担当、服务社会的精神。企业家应主动履行社会责任，积极参与公益慈善事业，支持国防建设，促进就业，关爱员工，节约资源，保护生态等。企业家应带动企业员工，创造更多经济效益和社会效益，积极投身供给侧结构性改革。国有企业家应有服务党、服务国家、服务人民的担当精神，要更好地肩负起经营管理国有资产、实现保值增值的重要责任，做强做优做大国有企业，不断提高企业核心竞争力。企业家应积极参与国家重大发展建设，如"一带一路"倡议、京津冀协同发展、长江经济带发展、中西部和东北地区投资兴业等。

总而言之，企业家精神是指企业家精神方面的素质，包括冒险精神、创新精神、诚信精神、敬业精神、责任心和爱国主义精神等要素，是企业家从事商业活动的行为指引。企业家精神直接影响企业的业绩和发展，企业家精神的内涵也要与时俱进，及时调整与丰富，企业家应该积极学习新时代优秀企业家精神，并以此作为行动标杆。

二、企业家精神的构成要素

企业家精神包括冒险精神、创新精神、敬业精神、诚信精神、责任心和爱国主义精神等构成要素。

（一）冒险精神

企业家的冒险精神是指企业家不顾存在的风险而勇敢从事商业活动的精神。冒险精神是企业家必须具有的特质。对一个企业和企业家来说，不敢冒险才是最大的风险。企业家们在变化莫测的商业环境中，敢为人先，冒着失败甚至破产的风险去追逐商业的成功。他们往往成为第一个跳出来吃螃蟹的人。在万事俱备的条件下才创业，这是最理想的状态，但现实却相反。因此，冒险精神,可以说是与商人相生相伴的。商人经商也是一场冒险之旅,经商的风险有大有小,轻则破财,重则招来牢狱之灾,甚至是家破人亡。这种风险从中国商业创始人王亥生活的时代就已经存在了。王亥最后一次到今河北省易县一带与有易国之君绵臣交易时被杀,货物被掠夺,就证明了经商的风险在当时已经存在,而且并没有因为时代的变迁而改变。"富贵险中求"也是对经商冒险的形象说法。冒险有坏的一面,也有从中获利的好的一面。然而,并不是所有商人都因为冒险而最终结局不好,一品红顶商人王炽就是一个好的例子。清朝同治末年,川东道库急需向四川布政司解缴白银三万两而一时无法凑足。道署向重庆间川帮商界洽商借款,但无一家愿意借出。官员们情急之下找到天顺样,没想到王炽竟一口应承,并且不要利息。正因为王炽胆略过人,敢于冒险,使他和官府建立了良好的关系,为日后的发展创造了机遇。除此之外,当今许多成功的企业家依然秉承商人的冒险精神,为了他们的事业在商场打拼。

回顾当今许多优秀企业的发展史,就知道其创始人大多不是在万事俱备的条件下才创业的,张瑞敏、任正非、鲁冠球等这些开拓者们正是凭着不畏艰难险阻的冒险精神,成就了他们企业今天的辉煌和自己的灿烂人生。因此,企业家也是商业领域的探险家。企业家的冒险精神存在于从企业家开始创业到经营管理企业的整个过程中,只不过冒险的事项和程度不一样。企业家的冒险精神体现在企业的外部和内部两个部分,具体体现在市场开拓、项目投资、产品研发、战略决策和企业变革等方面。

1. 企业外部的冒险精神

企业家在企业外部的冒险精神主要体现在对国内外市场的开拓方面。一是在国内市场方面。中国自改革开放以来所走的路都是人类历史上未曾有过的,我们以"摸着石头过河"的方式开启了中国特有的发展模式,这需要巨大的冒险精神。到2010年,中国成为世界第二大经济体,所取得的成就是有目共睹的,这也证明了中国走自己的路是正确的。改革开放初期,邓小平同志提出"一部分地区、一部分人可以先富起来,带动和帮助其他地区、其他的人,逐步达到共同富裕"。改革开放后第一批企业家就是从这"一部分人"中成长起来的。另外，企业家在新的行业、项目投资或进入未知的市场领域时，都存在着风险，并不一定能成功，而且随着科学技术的快速发展和迭代更新，企业家所面临的风险也随之增加，这种风险包括来自政策方面的。二是中国企业在全球化进程中面临的风险。中国加入世界贸易组织后，越来越多的产品出口到世界各地。同时，在经济全球化的大趋势之下，有许多国人也伴随着"中国制造"的产品走出国门，去开拓他们从来没有到过的市场，开始他们的"寻金之梦"。他们并不是个个都懂外语，但这并没有阻挡他们到异国他乡去冒险的步伐。这也标志着中国企业开始迈向国际化之路，如海尔集团在美国开办工厂、TCL集团在德国和法国并购业务。然而，中国企业的国际化之路并非一帆风顺。中国企业在国际化道路上要面对外国的政治、制度、文化、行业壁垒等市场环境风险，是一场实实在在的冒险之旅。时至今日，中国企业的国际化之路上依然不缺少荆棘和陷阱，虽然有成功的案例，但也不乏已遇到不同的风险和失败的案例。当今世界正经历百年未有之大变局，霸权主义、种族主义、单边主义和贸易保护主义抬头，不确定因素增加，其中政治风险是最难预测与把控的风险，所以企业家面临着更大的挑战。

中国企业全球化存在的风险主要有以下五方面。

（1）缺乏国际化经验带来的风险。在2003年和2004年，中国的TCL集团虽然收购了德国的施耐德公司、法国的汤姆逊公司和阿尔卡特公司，却没有达到收购的预期目的。结果显示，TCL集团不仅在购入汤姆逊公司彩电业务后出现过亿欧元的亏损，而且在并购汤姆逊公司6年后遭遇两项金额超5亿元人民币的索赔。在国际化道路遭受挫折的情况下，TCL集团董事长兼总裁李东生为此而发表了文章《鹰的重生》进行反思。TCL集团的海外并购案例对中国企业的国际化极具参考价值。

2017年12月2日，路透社报道了西澳大利亚最高法院就中国企业迄今为止最大的海外"绿地投资"项目——中信泰富中澳铁矿项目（SINO）的专利案做出了判决。中信泰富被判向帕尔默的Mineralogy公司赔偿2亿澳元（约合人民币10亿元），此外还要在未来30年每年向Mineralogy公司支付2亿澳元（约合人民币10亿元）的特许使用费，合计下来，中信泰富将损失300多亿元人民币。这足以为中国企业的国际化再次敲响警钟。

（2）带有政治性的国际贸易摩擦带来的风险。例如，美国政府以影响国家安全为由，"华为在澳大利亚海底光缆项目"受阻，"德国暂停中企航空零部件收购"。有关国家安全的理由正在阻挡很多赴海外投资的中国企业，加大了中国企业在海外投资和并购的难度以及交易成本。2017年9月，中资背景私募基金峡谷桥（Canyon Bridge）收购美国半导体制造商莱迪思（Lattice）被美国政府叫停。11月下旬，纽约精品投行Cowen以延误和取得CFIUS批准的"不确定性"为由取消了中国华信能源的2.75亿美元投资，等等。

（3）战争带来的风险，如俄罗斯和乌克兰的冲突等。

（4）国家信誉丧失带来的风险，如2022年11月，乌克兰政府撕毁了合约，宣布将中国企业北京天骄航空产业投资有限公司拥有56%的股份的航空发动机生产企业马达西奇公司强制收归国有，并冻结了中国企业在乌克兰的股份和资金。

另一起案例就是斯里兰卡违约汉班托塔港口。2017年7月，斯里兰卡与中国签署协议，中国招商局控股港口有限公司购得汉班托塔港口70%的股权，并在同年12月将汉班托塔港的资产和经营管理权移交给中方。但在2019年，斯里兰卡新一届政府上台后就表示要终止港口租约协议，还要收回汉班托塔港口的使用权。

2023年6月，小米公司被印度政府冻结48亿元人民币资金。有此遭遇的中国企业不止小米一家，而且除了中国企业之外，沃达丰、沃尔玛、诺基亚、三星、IBM、亚马逊、谷歌、微软等跨国巨头都遭到过印度政府的巨额罚款，导致外资企业纷纷撤出印度市场。虽然在2023年10月8日，印度政府宣布解除对小米公司的经营限制，并退还了48亿元的罚款，但这并不代表印度市场就没有风险。在10月10日，印度又以涉嫌洗钱为由，直接拘捕了4人，其中1人是中国智能手机制造商VIVO的中国籍员工。

（5）外国公司的陷阱带来的风险。拥有125年历史、为中国打造了第一艘航空母舰"辽宁舰"的大连船舶重工集团在2019年被挪威约翰·弗雷德里克森公司突然取消130亿元人民币合同，致使大连船舶重工一夜之间负债亏损20

亿元人民币，陷入了负债和破产的危机，后被迫重组才得以重生。

因此，对于中国企业来说，全球化的风险无处不在，关键看企业家如何去把控。虽然外部环境风险重重，但这并未阻止中国企业国际化的意志和步伐。2015年国家倡导的"一带一路"倡议，使更多的企业家把眼光瞄准海外市场。随着中国国力的不断增强和政府的强力支持，对企业家们来说，与以往开拓海外市场相比，这一次更是一场充满了自信的冒险之旅。

2. 企业内部的冒险精神

企业面对的风险不仅来自外部，在企业内部同样存在。企业的内外部环境处于一个不断变化的动态过程中，所以企业的产品、技术和管理模式等也不可能一成不变，否则就难以适应环境的变化，企业也就容易因失去竞争力而被市场淘汰。

企业在进行技术改造、产品研发和组织变革时，存在着一定的风险，不一定会成功。比如近年来华为每年投入超过1000亿元的研发费用，这并不一定代表所有技术、产品的研发项目都一定能够成功。张瑞敏在推行"人单合一"模式时，要裁掉约2.6万人，约有1.2万名中层干部和1万多名普通员工。这样的企业变革不仅关系到企业的稳定，而且会涉及社会就业问题，张瑞敏要面对两方面的潜在风险。企业的任何变革都会存在风险，这就要求企业家具有不怕失败的冒险精神。

对于企业来说风险无处不在。如果有人认为是因为企业去开拓市场、研发新技术与新产品、推行企业变革而带来了风险，企业什么都不做就不会有风险了，那样一来，企业就会面临被市场无情淘汰的风险。所以这是一种错误的认知。但不论在企业的外部还是内部，企业家的冒险都不是盲目的冒险，而是有准备的敢于冒险，这样才会降低风险。

（二）创新精神

创新精神是指综合运用已有的知识、信息、技能和方法，提出新方法、新观点的思维能力，并付诸行动的意志、信心、勇气和智慧。创新精神是一种勇于弃旧立新，创立新思想、新事物的精神。如果企业家因循守旧、思想僵化，害怕因变而产生风险，反而认为企业保持现状、不做改变是最安全的方式，那这种错误思想会让企业走向灭亡。创新是商人一直传承的一种精神。自商业创始人王亥发明了驯牛方法并利用牛车作为贩运物资的交通工具以来，在每一个时代的企业家身上都体现着创新精神。在中国商业发展史上，唐代出现了中国最早的银行雏形——柜坊，墟市、集市、庙市、夜市等各种交易市场的发展，丝绸之路、茶马古道等贸易模式的开拓，以及各行各业的发展成就都充分体现出商人的创新智慧。冶铸工艺技术在商周时期青铜铸造的基础上不断提升；纺织业从商周时期出现的刺绣到后来丝织品类别大幅增加；陶瓷业从商周时期出现的原始瓷器到唐朝时期出现的唐三彩……在商品交易的发展过程中，商朝的商人发明了以贝作为货币进行交易，后来货币从贝壳、工具、石器等实物货币发展到铜、铁之类的金属货币，到北宋时，商人为了便于交易发明了交子，后来演变成了世界上最早的纸币，比西方国家发行的纸币要早 600 年以上；晋商在中国商业史上创造了比西方早 200 年以上的股份制制度；还有中国金融业的第一家票号——日升昌。直到今天，任正非、张瑞敏、董明珠等企业家们领导的企业所取得的成就无不体现着他们的创新精神。

企业在市场竞争环境下如逆水行舟，不进则退，没有哪一家企业能独善其身。试看今天蓬勃发展的中国物流快递企业，群雄争霸，谁能独领风骚？是顺丰、圆通、申通公司，还是中国邮政 EMS？《互联网周刊》联合 eNet 研究院发布的"2017 年中国物流企业综合竞争力排行榜单"，针对物流业所有细分领域，包括快递、零担、冷链、轿运、大件等，排名第一的是中外运股份有限公司，中远海运物流有限公司紧随其后，顺丰控股股份有限公司位居第三，是上榜民营快递企业中排名最靠前的一家，圆通排第七位，申通排第九位，中通和韵达居第十一位和第十二位。创新是企业为适应环境变化而采取的必要措施和不断赢得竞争优势的关键因素。企业家的创新精神主要体现在技术与产品创新、营销创新和管理创新三方面。

1. 技术与产品创新

通过技术创新达到产品的创新，通常体现在降低成本、改善产品应用功能和外观、提升产品整体质量。技术创新可以为企业提升竞争力。海尔集团能成为全球大型家电品牌，成功的重要原因之一就是产品的不断创新，这一切离不开张瑞敏的创新思想。1985年，张瑞敏带头用大锤砸毁76台不合格冰箱，自此砸出了海尔对产品的质量意识。在这一意识的指引下，海尔在产品的创新上从没有停下过脚步。20世纪90年代发生的用海尔洗衣机来洗土豆造成排水管堵塞而导致的质量投诉问题，引起海尔的高度重视，他们迅速设计生产出既能洗衣服又能洗土豆的洗衣机，以满足市场需求，使这一产品在农村大受欢迎。还有销往上海等一线城市的冰箱瘦窄、秀气，这种设计的结果是根据市场特点来开发的，因为一线城市家庭住宅面积普遍较小，冰箱占地面积不宜过大，而且人们更欣赏外观比较小巧的造型。另外，海尔在农村市场销售的冰箱也不同于城市。针对农村地区消费水平比较低，而且电压容易波动的情况，海尔降低价格，取消冰箱的多功能，然后把压缩机重新改造，使之更适合低压启动，经过改进后的冰箱在农村的销量逐步上升。海尔针对市场的产品开发远不止于此，也从未停止过。自主创新成为海尔企业文化的核心组成部分。

2. 营销创新

如今已不是找个明星做广告就能解决产品销售问题的年代了。营销创新要求企业家时刻关注社会方方面面的进步对企业的发展所产生的影响，包括对传统销售模式的影响，例如，网络技术的发展使传统的销售模式发生了深刻的变化。阿里巴巴利用互联网的发展颠覆了传统的销售模式。在非洲，有一家中国手机企业占有当地40%的市场份额，市场份额排名第一，超过苹果、三星和华为，这家公司就是成立于2006年的深圳传音控股有限公司，旗下的手机品牌有TECNO、Itel、Infinix和Spice。这些品牌在国内可能许多人闻所未闻。这也不足为奇，因为这些手机品牌没有在国内销售，全部用于出口。2015年，传音手机的出货量超过5000万部，手机出口量在国内排名第一。传音旗下三大手机品牌均入选非洲商业杂志African Business（2017年3月版）2016年度最受非洲消费者喜爱品牌百强榜单。这家名不见经传的公司凭什么能称雄非洲？其成功的主要原因是创始人竺兆江在营销上进行创新，避开国内竞争激烈的手机市场，另辟蹊径，寻找新的市场，并采取本地化、差异化的战略，打造适合当地消费者需求的产品。

3. 管理创新

管理创新就是根据内外部环境的变化而运用新的管理理念、管理方法和管理模式等要素来有效实现组织既定的目标。企业的经营与管理是一个整体，是企业整个运作系统的组成部分。管理职能自企业诞生之日起就已存在，只不过由于经营方面的产品和销售在企业创立初期更受关注，相比之下，管理的作用不受重视而处于粗放式的状态，甚至被忽视，以致有人错误地认为当公司规模大的时候才需要管理，甚至有人认为企业有了盈利后才需要去提升管理水平。换而言之，不管是否被重视，管理在企业的任何发展阶段都存在，只不过在管理的成效上存在着高与低的区别。确实，当公司快速发展、规模增大的时候，公司面临的问题或矛盾冲突增加，管理的重要性才能突显出来，管理才会被重视。按问题的处理时机来说，这已经是事中或事后处理，而不是事前处理，解决问题的难度和成本自然会比事前处理大。

另外，产品或服务的销售是企业获取利润的正常途径，是显性的，众所周知；企业内部运营效率的提升，使运营成本和生产成本降低、服务和产品质量提升，以及产生其他方面有利于企业发展的无形效果，是企业获取利润的另一个途径，是隐性的，不为大众熟知的。虽然没有一套对所有企业都适用的管理模式，但忽视管理作用的重要性，同样是对企业的一种损害。因此，自企业诞生时经营和管理同时受到重视会比先重视经营上的产品和销售后规范管理更有优势，制定符合企业自身发展需要的管理模式，比不作为或生搬硬套别人的模式更具积极意义。企业处于一个动态的发展过程中，企业的整个管理系统必须随着内部和外部的环境变化而不断地进行相应的调整，制定适合企业自身的管理模式，以满足企业不同发展阶段的需求，包括根据新的发展目标来划分组织功能，重新设计组织架构，对职位和部门设置进行调整，职、责、权的重新划分，各项业务流程的再改造，人员的重新安排，规章制度的修改等。管理创新会直接影响企业的绩效。一些企业家往往会把眼光聚焦于产品、技术的创新上，而忽略了组织内部的创新。新时代企业家面临着管理方面的突出挑战，如人力资源的变化，人口红利的逐步消失导致劳动力短缺和人力成本上升，劳动力从"60后""70后"向"80后""90后"的更替；受劳动力、人工智能

（AI）及生产设备的自动化发展和企业运营的变化影响；受信息化影响；互联网冲击下传统销售模式被颠覆，管理从传统的运营模式向信息化转变；全球贸易的扁平化等影响。

华为之所以能够实现超越式的发展，不仅依靠产品、技术上的创新，管理创新也是核心的支柱。1996年，《华为基本法》被确定为公司发展的管理纲要，具有里程碑意义。华为后来实施的轮值CEO制，到2018年更改为董事长轮值制，无不体现出华为在管理上的不断创新。所以即使当时作为华为副董事长、首席财务官的孟晚舟被加拿大无理拘押了，华为公司仍可以进行日常运作。

张瑞敏领导的海尔集团在管理创新方面取得的成就是有目共睹的。海尔一开始实行每人每天对每件事进行全方位的控制和清理的OEC（Overall Every Control and Clear，OEC）[①]新管理方法，目的是"日事日毕，日清日高"，也就是说，当天的工作要当天完成，每天的工作要清理完并要每天有所提高。OEC管理法体现出海尔做事的理念：能够把简单的事情天天做好就是不简单；能够把非常容易的事情认真地做好，就是不容易。OEC管理法也被比喻为"斜坡球体论"，意思是企业在市场上的地位犹如斜坡上的小球，需要有上升力（目标的提升），使其不断向上发展；还需要有止动力（基础管理），防止下滑。创造于1989年的这一全新企业管理方法不仅成为海尔集团创新的基石，而且为海尔集团创造了巨大的经济效益和社会效益，获得国家企业管理创新"金马奖"、企业改革"凤帆奖"。

海尔文化激活"休克鱼"也是另一个经典的管理方法。20世纪90年代，在国家政策鼓励企业兼并重组的情况下，海尔通过海尔文化激活"休克鱼"方法先后兼并了国内18家企业，并且使这些企业都扭亏为盈，其中有14家被兼并企业的亏损总额曾达到5.5亿元，而最终盘活的资产近15亿元，成功地实现了低成本扩张的目标。1998年，哈佛大学把海尔文化激活"休克鱼"写入教学案例，并邀请张瑞敏参加案例的研讨。张瑞敏成为第一个登上哈佛大学讲

[①] OEC（Overall Every Control and Clear）是海尔依据自身特色对5S和ISO 9000概念的延伸，管理界称其为"海尔之剑"。

坛的中国企业家。海尔以管理创新作为企业发展的保障，一直在实践中不断探索，经过十多年的探索实践，张瑞敏创立了适应互联网时代、具有海尔特色的"人单合一"双赢模式，即每个员工都应直接面对用户，创造用户价值，并在为用户创造价值的过程中实现自己的价值。"人单合一"双赢模式以用户为中心、以战略创新为导向，开创性地把以人为本的管理思想往纵深发展，更加突出个人和自主经营团队的主体地位，推动企业经营活动持续动态升级，实现企业、员工、顾客的互利共赢。2012年3月24日，2012年全国企业管理创新大会在北京举行，海尔"以自主经营体为基础的'人单合一'管理"模式，在全国451项管理项目中脱颖而出，获得国家企业管理创新成果奖一等奖第一名。张瑞敏创新提出的"人单合一"双赢模式在全球管理界引起强烈反响，张瑞敏先后应邀赴西班牙IESE商学院、瑞士IMD商学院和美国管理学会（AOM）演讲"人单合一"双赢模式。

（三）敬业精神

企业家的敬业精神就是企业家对自己的事业充满热爱并全心全意投入的一种精神，具体表现为有强烈的事业心和锲而不舍的奋斗精神。企业发展需要不断沉淀与积累，才能实现厚积薄发。企业家要有干一行、爱一行、专一行的精神，只有持之以恒、脚踏实地、精益求精，才能在事业上有所建树。虽然追求利益是企业的目的，但企业家如果抱着急功近利、朝三暮四的心态去经营企业，缺乏专注性和长远眼光，缺乏一步一个脚印的"工匠精神"，忽视企业持续发展的根本，不仅会分散企业家的时间和精力，也会使企业的人、财、物等资源缺乏有效的综合利用，即使企业能取得短期效益，最终也会使企业的延续性发展后继乏力。简而言之，这就是关于短期赚钱还是长期赚钱的选择问题。万向集团、福耀玻璃、华为、比亚迪等是企业在专业化发展方面的成功代表。

万向集团从开始创业时的多元化转向专注于汽车万向节的发展，现已成为当今以汽车零部件生产和销售为主的行业巨头。1969年，24岁的鲁冠球得知国家批准每个人民公社可以开办一家农机厂的消息后，变卖了全部家当，千方百计筹集了4000元，带领6个农民，创办了宁围公社农机修配厂。创业初期，鲁冠球对企业的未来发展也没有明确的方向，为了企业的生存，产品可谓多元化，除了生产万向节之外，还生产犁刀、耙、船钉、失蜡铸钢等各类产品。这种产品多元化发展模式虽然一定程度上会分散企业风险，但同时也必然会分散企业的资金、技术等资源。1979年，当鲁冠球看到《人民日报》的一篇社论《国民经济要发展，交通运输是关键》时，他判断中国将会大力发展汽车业，为了企业的长远发展，他对产品结构进行调整，决定砍掉其他项目，聚焦于万向节（汽车传动轴和驱动轴的连接器）产品生产。他将厂门口四块牌子摘掉三块，只保留"萧山宁围公社万向节厂"，从1980年开始专门生产万向节，走上了产品专业化发展道路。公司的万向节产品也逐渐被市场认可，从1982年开始，其产品先后被评为省优、部优，获得了国家质量奖银质奖。1984年，万向成为第一个进入美国市场的中国汽车零部件企业，配套国际一流主机厂，是世界上万向节专利最多、规模最大的专业制造企业。随着万向节产品的竞争力不断提升，鲁冠球决定采取与汽车万向节相关的产品多元化发展战略，从汽车万向节产品扩展到轿车等速驱动轴、汽车传动轴、轴承、滚动体、密封件及轿车减震器、制动器等系列化汽车零部件产品，打造以汽车零部件为主的主导产业。从此万向一直致力于汽车零部件的制造和研发。经过50多年的发展，万向经历了从零件到部件，再到系统模块化供应的发展轨迹，现已成为国内独立汽车零部件系统供应商的代表企业。截至2023年11月，万向在国内有42家专业制造企业，形成6平方千米制造基地，与中国第一汽车集团（以下简称一汽）、东风汽车集团有限公司（以下简称二汽）、上海汽车集团股份有限公司（以下简称上汽）、广州汽车集团股份有限公司（以下简称广汽）等建立了稳定的合作关系，主导产品市场占有率达56%以上，是国务院120家试点企业集团之一，国家"双创"示范基地，中国500强企业。万向集团正是在鲁冠球的敬业精神的引领下，坚持汽车零部件产业的发展，才取得了今天的成就，并为企业未来的发展打下了坚实的基石。

福耀集团的官网上这样介绍公司：1987年成立于中国福州，是专注于汽车安全玻璃的大型跨国集团。1976年，曹德旺开始在福州福清市高山镇异形玻璃厂当采购员，他的工作是为这家乡镇企业推销人称"大陆货"的水表玻璃。1983年，曹德旺承包了这家年年亏损的乡镇小厂，以为中国人做一片属于自己的高质量玻璃、当好汽车工业的配角作为发展目标。

1986年，40岁的曹德旺带领企业开始转向汽车维修玻璃行业，成为第一个进入汽车玻璃行业的中国企业。此后不久，在汽车维修市场上，曹德旺用自己生产出来的汽车玻璃替代了日本的进口汽车玻璃，彻底改变了中国汽车玻璃市场100%依赖进口的局面。

1987年，他用"第一桶金"建立了耀华汽车玻璃公司（福耀集团的前身）。

1993年，福耀玻璃登陆国内A股，是中国第一家引入独立董事的公司，是中国股市唯一一家现金分红是募集资金15倍的上市公司。多年来，福耀集团坚持每年投入巨额研发费用。福耀玻璃的部分高新技术产品代表了当今世界上最高的制造水平，并拥有独立的知识产权。截至2023年11月10日，福耀集团拥有1067项发明专利。正是由于曹德旺的专业专注精神，经过近40年的发展，福耀集团已在中国16个省（市）以及美国、俄罗斯、德国、日本、韩国等11个国家和地区建立现代化生产基地和商务机构，并在中国、美国、德国、日本设立11个研发设计中心，产品销售到70个国家和地区，全球市场占有率约为30%。福耀产品得到全球知名汽车制造企业及主要汽车厂商的认证和选用，包括宾利、奔驰、宝马、奥迪、通用、丰田、大众、福特、克莱斯勒等，福耀为其提供全球OEM配套服务和汽车玻璃全套解决方案，并被各大汽车制造企业评为"全球优秀供应商"。

福耀集团多年蝉联《财富》中国企业500强、中国民营企业500强，多次获得"中国最佳企业公民""中国十佳上市公司""CCTV最佳雇主"等社会殊荣。还于2016年荣获全球玻璃行业最高奖项——金凤凰奖，评委会称"曹德旺带领福耀集团改变了世界汽车玻璃行业的格局"。

2001—2005年，曹德旺带领福耀团队艰苦奋战，历时数年，花费1亿多元，相继打赢了加拿大和美国的两个反倾销案，震惊世界。福耀玻璃也成为第一家状告美国商务部并赢得胜利的中国企业，以致美国时任商务部部长在2006年访问中国时，点名要约见曹德旺。

安永企业家奖有"企业界的奥斯卡"之称，于1986年在美国首次颁奖，历年来由全球最成功及最富创新精神的杰出企业家获此殊荣。作为一项享誉全球的企业家奖项，安永企业家奖评比的是企业家精神、企业家责任和企业家的综合素质。为此，安永企业家奖设立了六项入选条件：①是否从无到有，白手起家；②是否始终诚信经营；③是否有良好的经营业绩；④是否注重节能减排、环境保护；⑤是否具有全球影响力；⑥是否注重知识产权，可持续发展。2009 年 5 月 30 日，代表中国区参选的曹德旺董事长最终获得评委的一致好评，在竞选者中脱颖而出，一举拿下本次大奖。这也是该奖项设立以来，首位华人企业家获此殊荣。

华为在 2016 年的公司介绍里提到"华为是谁"这一问题时，是这样介绍的："华为是全球领先的信息与通信技术（ICT）解决方案供应商，专注于信息、通信和技术（ICT）领域，坚持稳健经营、持续创新、开放合作"，"我们坚持什么？29 年坚持聚焦在主航道，抵制一切诱惑；坚持不走捷径，拒绝机会主义，踏踏实实，长期投入，厚积薄发"。在 2023 年的公司官网上，对于"华为是谁"的说明是：华为"是全球领先的 ICT（信息与通信）基础设施和智能终端提供商"。从这一点可以看出，正是因为在任正非执着专注的精神引领下，华为终成为一家伟大的公司。正如任正非所说："一个人一辈子能做成一件事已经很不简单了。"

近年来，中国新能源汽车发展迅速，比亚迪更是新能源汽车行业中的佼佼者。在 2023 年的各大车展上，比亚迪仰望品牌旗下的 U8 车型凭借独特的创新技术成为新能源汽车的一个耀眼亮点。2023 年，比亚迪的销售成绩也喜人，累计销售 302.4 万辆，同比增长 61.8%，荣获 2023 年销售双料冠军，成为中国第一大汽车制造商，2023 年第四季度超越了特斯拉，成为全球最大纯电动车制造商。比亚迪能够在新能源汽车发展中取得骄人成绩，源于比亚迪是全球率先同时拥有电池、电机、电控三大新能源汽车核心技术的车企。在这三大核心技术中，电池是新能源汽车发展的必要前提条件之一，而比亚迪从创业至今一直专注于电池的技术创新研究与发展，电池也是公司最早发展的业务。2018 年，比亚迪电池的产能已经达到了 28GWh，成了全球领先的动力电池生产者。比亚迪之所以能够在全球电池发展领域具有举足轻重的地位，与创始人王传福从大学学习期间到创业以来一直对电池保持专心致志、锲而不舍的专业研究精神是分不开的。

1983年，王传福考入中南工业大学（现中南大学）冶金物理化学专业，开始接触电池；1987年毕业后继续深造，进入北京有色金属研究总院攻读硕士，开始对电池领域进行深入的研究，1990年毕业后留院工作。由于王传福具有电池研究方面的背景，1993年，研究院在深圳成立了比格电池有限公司，王传福被任命为公司总经理。1995年，王传福辞职并创办了比亚迪公司，生产二次充电电池。

比亚迪在电池领域经过28年的不断创新与发展，目前具备100%的自主研发、设计和生产能力，产品已经覆盖消费类3C电池、动力电池、太阳能电池，以及储能电池等领域，并形成了完整的电池产业链。比亚迪已成为当今全球产能最大的磷酸铁锂电池厂商。2020年3月，比亚迪采取高安全磷酸铁锂技术生产出更具安全性、寿命长、长续航的"刀片电池"，能够使电动车续航里程达到1000千米以上，推动全球动力电池发展达到新高度。比亚迪电池除了拥有强大的技术与产品研发及设备与测试能力以外，还在生产方面全力推进智能化、信息化、工业4.0的先进智能制造模式，不断提高生产能力。比亚迪电池经过多年的积累沉淀与发展，已经逐步形成了研发与生产体系的全产业链布局，包括从矿产资源开发到材料研发制造、工艺研发、电芯研发制造、BMS研发制造、模组研发制造、电池包开发制造，再到最后的梯级利用回收环节。

比亚迪的电池应用范围逐步扩大。目前，比亚迪动力电池应用车型已经超过40款，涵盖乘用车、商用车、专用车等新能源车领域。比亚迪的电池产品还广泛用于轨道交通、太阳能电站、储能电站等领域，是全球领先的太阳能和储能解决方案供应商，产品覆盖美国、德国、日本、瑞士、加拿大、澳大利亚、南非等多个国家和地区，客户主要有中国国家电网、中国广核集团、美国雪佛龙、德国Fenecon、日本A-style等。比亚迪在核电站应急电源储能电站方面的应急电源技术突破更是一次令人瞩目的历史性技术创新。比亚迪凭借自主研发的"铁电池"和"双向换流器多主机离网负载技术"的突破，结合丰富的MW级电网储能电站实际运行经验，经过可靠性的全面升级，最终实现了技术突破，开发出应用在核电应急电源领域的储能系统，实现了中国核电站"非能动"应急电源技术的升级。

在中国，这样的企业家还有很多，他们身上都具有专业专注的敬业精神，他们用这样的精神引领各自的企业创新发展，屡创佳绩。

（四）诚信精神

诚信精神是一个人待人处事真诚、信守承诺、言行一致的行为风格。诚信是为人之道、立身处世之本，也是一个人品牌信誉度的重要构成因素之一。同样，诚信既是企业家的立身之本，也是企业的立业之本。儒商鼻祖子贡坚持以诚待人、诚信交易，为后人树立了榜样，所以人们将子贡遗留下来的诚信经商之风称为"端木遗风"。司马迁在《史记·货殖列传》中也赞扬了子贡在仁义、诚信上的修为。胡雪岩在胡庆余堂亲笔书写"戒欺"一匾高悬于厅堂，被奉为店训。乔致庸以儒术指导经商，"维护信誉，不弄虚伪"，信奉"一信""二义""三利"的经营理念，以信誉徕客，以义待人，信义为先，利取正途。

诚信是企业形象的重要评判标准之一，是企业品牌的必要构成要素之一，是企业不能摒弃的原则和道德底线。因此，企业家在处理与社会、客户、员工的关系方面要坚守诚信原则和契约精神，并将诚信列入企业文化建设的内容。没有诚信的商业社会，将充满极大的道德风险，显著抬高交易成本；缺乏诚信与契约精神，采取欺诈、造假、巧取豪夺等手段获取利益，必然会破坏正常的市场竞争环境，最终会摧毁社会的信用体系，从而破坏经济的发展，增加人际交往成本和商业交易成本，造成社会资源的极大浪费。中共中央、国务院《关于营造企业家健康成长环境 弘扬优秀企业家精神 更好发挥企业家作用的意见》中也明确要求企业家强化诚信意识，主动抵制逃税漏税、走私贩私、制假贩假、侵犯知识产权等违法行为，不做偷工减料、缺斤短两、以次充好等亏心事。如果企业家故意制造假信息误导股民、用不正当手段抹黑竞争对手，这种行为不仅违背商业伦理，而且会破坏良好的营商环境，更是对法律的违反和践踏。

安然（Enron）公司曾经是世界上最大的能源、商品和服务公司之一，名列《财富》杂志美国500强企业榜单。然而，2001年12月2日，安然公司突然向纽约破产法院申请破产保护,该案成为美国历史上第二大企业破产案。"安然事件"引起了社会的轰动,首先遭到质疑的是安然公司的管理层,包括董事会、监事会和公司高级管理人员。他们面临的指控包括疏于职守、虚报账目、误导投资人及牟取私利等。"安然事件"不仅使安然公司土崩瓦解,而且其高管也遭受了法律的严厉惩罚。2006年10月23日,美国安然公司前CEO杰弗里·斯基林因欺诈等罪名被法官判处24年零4个月监禁,还将向投资者支付4500万美元作为赔偿。

"日本制造"曾被奉为制造业的质量标杆,但近年媒体接二连三曝出的日本企业造假事件令人震惊。世界500强企业之一、成立于1905年的百年老店、日本第三大钢铁企业日本神户制钢所(Kobe Steel)在2017年10月被曝质检数据长期造假。神户制钢所的铝、铜产品涉及家电、汽车、军工企业、飞机火箭等。据初步估计,这次的问题铝、铜制品可能会涉及超过200多家企业。事件曝光后,日本神户制钢所的股票在几天中暴跌了近40%。近年造假的企业还有三菱材料、三菱汽车公司、铃木汽车公司、东芝公司、东丽公司、斯巴鲁、高田公司等。2015年7月,东芝财务造假案被曝光,涉及三任社长,虚报利润约12.6亿美元;2016年4月,三菱汽车公司被曝至少有4款在日销售微型车的燃效数据被篡改,涉及汽车或超200万辆;2016年5月,铃木汽车公司也承认燃效数据造假,涉及汽车超210万辆;2017年11月,日本有色金属巨头三菱综合材料株式会社承认产品质量数据造假。这些企业造假的特点是知情不报、互相隐瞒和造假时间长等。目前了解到的造假企业很可能只是冰山一角。造假事件不仅对企业本身造成伤害,而且已经超出了它们自身的范围,受到影响的是整个日本制造业的声誉。

企业家精神是企业家自身素质的一个构成部分,因为企业家很大程度上主宰着企业的命运,所以,企业家精神对企业的发展必然会产生影响。企业家精神也是企业家素质在道德层面的反映。道德是一种社会意识形态,是人的行为准则与规范。从古至今,人们倡导的选用人才的标准是"德才兼备,以德为本",对德才兼备的人予以重用,一个人的道德品质被作为首要的考虑因素,正如孔子所强调的"为政以德,譬如北辰,居其所而众星拱之",司马光在《资治通鉴》中也提出"取士之道,当以德行为先",可见古人的观点不谋而合。企业是由每一位员工组成的组织,而每一位员工的道德素质构成了企业的整体道德水平。企业在市场上的竞争力,不仅体现了企业家一个人的竞争力,更体现了由全体员工共同构成的企业的整体竞争力。因此,企业家作为企业的领导者,在道德品质方面更应该为员工树立榜样,以身作则,帮助员工树立正确的人生观、价值观,才有利于建立良好的企业文化,以提升企业形象,增强企业的竞争力。相反,如果企业家不重视自己的道德品行,不仅会影响企业文化的建设,而且会影响企业的生存和发展。

以上企业所出现的问题都表现在诚信方面,并且不是由一两个人的行为造成的,以上事件暴露出的行为涉及的是一群人、一个部门、一个团队,甚至是整个企业或不止一家企业。这些事例足以说明诚信对企业的重要性。商人很容易被人们认为是缺乏诚信的奸商,主要有两方面的原因:一是由于历史上很长一段时间实行"重农抑商"政策,贬低商人的社会地位,导致人们对商人存在歧视;二是由商人自身的原因造成的,有部分商人存在缺斤短两、欺骗顾客、缺乏诚信的行为而造成恶劣影响,使整个商人群体都遭殃。因此,企业家作为企业的领导者,不仅自己要坚持诚信的道德底线,而且要将个人行为变成集体行为,规范形成企业的文化,使其成为每一个员工都要遵守的行为准则,并监督执行。

(五)责任心

责任心是指一个人关于自身对自己和他人,对家庭和集体,对国家和社会所担负的责任的信念和态度。企业家只有首先做到对自己负责,才能做到对家庭、他人、企业、国家和社会负责,没有企业家不希望自己的企业做成功。但在实践中这种责任心会出现三种不同的效果:一种是企业家在实际行动中去体现这种责任心,这种行动对企业的发展具有引导和促进的作用;另一种情况是企业家表现出强烈的责任心,但自身在实际行动中找不到正确的方向,即使整天忙忙碌碌,却成效不佳;最后一种情况是企业家表面说一套,实际做一套,表里不如一,具体表现为企业家不专心经营,急功近利。董明珠认为,企业家要做到面对社会、面对员工、面对国家都不忘"责任"二字,"如果我们把

'责任'二字忘了，我们就会迷失方向"。企业家应自觉遵纪守法、履行职业道德、维护和营造良好的商业氛围、积极参与慈善公益事业。

守法经营好企业，为社会提供就业岗位和创造税收，是企业家的本职工作。中共中央、国务院《关于营造企业家健康成长环境 弘扬优秀企业家精神 更好发挥企业家作用的意见》要求企业家自觉依法合规经营，依法治企，主动抵制逃税漏税、走私贩私、污染环境、侵犯知识产权等违法行为。例如华为公司一直秉持的核心理念是坚持诚信经营、恪守商业道德、遵守所有适用的法律法规。然而，也有人利用中国改革开放后提供的良好营商环境，为了企业上市，不择手段进行财务造假，然后快速出售股票套现，把钱转移到国外，更有甚者将债务留给银行、投资者、消费者、国家，把圈到的钱移到国外给自己和家人享用。这种行为是与消费者为敌、与投资者为敌、与国家为敌，简直就是有目的、有组织的犯罪，终会受到国家的严厉惩罚。

在中国商业史上，企业家对于公益事业从来不缺席，从修路筑桥、兴建水利、捐资办学到抗震救灾等。无论在哪个历史时期，中国都不缺做公益事业的企业家，缺的是社会对企业家做公益活动的正确认识和企业家参与慈善事业的范围界定。

曹德旺认为企业家的责任有三条：国家因为有你而强大，社会因为有你而进步，人民因为有你而富足，"企业家若没有责任感，充其量是富豪"。不一样的经历让曹德旺对财富和分配有着独特的见解和体会，他认为自己的所有成就都是在社会各界的共同努力下得来的，同样在社会需要的时候也应该还给社会，把财富用到最需要帮助的人身上。根据福耀集团官方网站的数据，从1983年第一次捐赠至2023年，曹德旺累计捐款超过160亿元人民币，捐助范围涉及社会救灾、扶贫、助学等各方面。2011年5月，曹德旺捐出名下3亿股福耀玻璃股票，发起成立河仁慈善基金会，获得有关部门批准，捐赠当天市值高达35.49亿元。这是当时我国资产规模最大的基金会，开了以股票形式支持社会公益的先河。他也因此连续多次获得"中华慈善奖"这一国内最高慈善奖项，被社会各界称为"真正的首善"。在2018年3月的全国两会上，曹德旺的儿子、全国政协委员曹晖在小组讨论时说："父亲把我们家所有的财产基本捐光了，我出来创业，目前的负债率是70%。"他表示非常支持父亲的捐款行动。

从下列一些捐款事项，可以更多地了解曹德旺所参与的慈善公益活动。

1998年，他亲自飞往武汉洪灾区考察，个人捐出300万元，加上公司员工捐款等共筹资400万元经由中央电视台汇出。同年，他也向闽北灾区建瓯市捐出200万元。

2002年，他捐助"关心下一代"420万元。

2004年，他先后捐出500万元和800万元，用于修建福厦高速公路宏路出口与316国道连接道路以及福清三条农村公路。

2005年春节来临之际，他捐资70万元给永泰县福利院，帮助农村贫困老人过个好年；捐资300万元用于拓宽高速公路宏路出口处公路；捐600万元修建福清高山中学科技楼。

2006年，捐资247万元帮助福建灾区学校重建；为海南省文昌市捐资500万元。

2006年，闽北遭遇洪灾时，他又捐资200万元，福清基地员工捐资47万多元，用于闽北小学教学楼重建。

2007年，每年捐资150万元在西北农林科技大学设立"曹德旺助学金"，定向定额捐赠，10年累计捐资1500万元。

2008年，汶川地震，曹德旺多次亲赴灾区，先后捐赠2000万元。

2009年，捐赠公益共计2900万元。

2010年5月，曹德旺通过中国扶贫基金会向西南五省10万户贫困家庭捐赠善款2亿元；10月，捐资2000万元建南京大学河仁楼，推动河仁社会慈善学院建设成为慈善救助、人才培养的基地；12月，历经3年锲而不舍地与中央各部委沟通、磋商，并请各领域专家进行论证和指导，曹德旺捐出价值数十亿元的福耀玻璃股票所成立的河仁慈善基金会在递交申请3年后终于正式获批，成为中国当时资产规模最大的公益慈善基金会。

2010年至2011年4月，捐款12亿元，善款分配如下：玉树1亿元，西南五省区市干旱重灾区2亿元，福州市公益事业4亿元，福清市公益事业3亿元，2011年4月为厦门大学捐款2亿元。

2011年中国慈善排行榜于2011年4月26日在国家会议中心正式揭晓，本届慈善榜显示，曹德旺以2010年个人捐款逾10亿元的突出表现名列榜首，获年度"中国首善"称号。

2023年9月5日，民政部召开第十二届"中华慈善奖"表彰大会，曹德旺获得第十二届中华慈善奖"捐赠个人"。这是曹德旺第八次被授予这项政府最高规格慈善奖项。

曹德旺还捐资1.9亿元建设"福清德旺中学"，新校区按照省一级达标中学的标准设计，划分为行政办公、教学、生活和运动4个功能区，建筑面积达7万平方米，教学区建有现代化的教学大楼，教育教学设施设备先进。"宏志班"的学生免交学杂费、代办费（含课本、簿籍、校服等）和住宿费3项费用，每月给予500元生活费补助，每年寒暑假家校往返交通费予以报销，并给予品学兼优的学生丰厚的年度奖学金。

2021年5月4日，曹德旺创办的河仁慈善基金会，计划出资100亿元筹建落户福建福州的福耀科技大学。这是一所民办公助、非营利、公益性大学。

曹德旺还认真监督捐款的落实情况，实行问责制，因为年轻时吃过苦，曹德旺对每一分钱都精打细算。用他的话说："该花一万花一万，该省一分省一分。"所以在捐款协议中，曹德旺的条件十分"苛刻"：扶贫基金会应在半年内将2亿元善款发放到10万农户手中，且差错率不超过1%，基金会违约将赔偿，管理费则不超过善款的3%，而"行规"一般为10%。为了保证善款发到每一个应该收到钱的人手中，而不是被"雁过拔毛，层层拦截"，曹德旺成立了专门的监督委员会，并请新闻媒体全程监督，要求基金会每10天向他递交项目进展详细报告，监督确保捐款的落实。这种方式无疑是对现行捐款体制的一次挑战，也开了中国捐赠者对公益捐款问责的先河。

中国汽车玻璃行业的发展历程因为曹德旺而改变；当今中国企业家的慈善事业因为曹德旺而更精彩。中国需要越来越多的曹德旺式企业家。

张瑞敏不仅将在1984年营业额只有348万元、亏损高达147万元的青岛电冰箱总厂发展成了今天销售额过千亿元的全球化跨国集团企业，而且带领海尔积极履行社会责任。海尔的官网上专门设置了"社会责任"一栏，内容包括希望工程、社会救助、环境责任、社会公益四项公益活动。栏目上还有张瑞敏的留言：海尔应像海，为社会、为人类做出应有的贡献。只要我们对社会和人类的爱"真诚到永远"，社会也会承认我们到永远，海尔将像海一样得到永恒的存在。在张瑞敏这一社会责任思想的指导下，1995年海尔集团第一座工业园正式落成之时，海尔集团捐资38万元援建了第一所海尔希望小学——莱西武备海尔希望小学，从此拉开了海尔集团在全国乡村地区援建希望小学的序幕。截至2023年6月，海尔累计已投入超过1.34亿元，共计援建了385所希望小学，1所希望中学，覆盖全国26个省（自治区、直辖市），成为希望工程中援建希望小学最多的企业。海尔集团用于社会公益事业的资金和物品总价值已达6亿余元。

1998年，马化腾与同学张志东创立了腾讯公司。腾讯现已发展成为在全球具有影响力的互联网公司。2017年，马化腾以身家361亿美元成为中国首富。马化腾在功成名就之后也没有忘记承担社会责任。2007年，马化腾建立了腾讯公益慈善基金会（以下简称腾讯基金会），开展社会公益活动。2007—2021年，腾讯基金会已经接受腾讯集团和员工捐赠超过70亿元。马化腾还支持家乡建设，累计已投资汕头家乡建设超过2000万元，完成了一家中心小学校舍修缮工程、村溪河整治、社区公园建设和扶贫济困活动等一批公益项目。2017年11月，为支持家乡公益福利事业，由马化腾捐资设立的扶贫专项基金向汕头市潮南区成田镇公益慈善会捐资1300万元，用于成田镇公益慈善会开展公益慈善事业。根据胡润研究院发布的2023胡润慈善榜单统计，马化腾在2022年共捐赠2.9亿元，列中国慈善榜第八位。马化腾以集团的名义向腾讯基金会捐赠约41亿元。其历年捐赠额累计已超过150亿元。

为了减轻学生过重的作业负担和校外培训负担，2021年，国家颁布了"双减"政策。新东方停止了有关教育培训业务，部分校区要关闭。俞敏洪把关闭校区的近8万套新的课桌椅捐给了乡村学校，践行他帮助贫困地区教育、孩子全面成长，促进均衡教育在中国发展的使命。这也是俞敏洪带领新东方履行社会责任的其中一部分。新东方官网显示，为更好地履行企业社会责任，新东方在 2015 年 11 月 3 日经北京市民政局审批通过，正式成立了北京新东方公益基金会，基金会的宗旨是通过公益的形式推动教育的改革和创新，使用创新技术推动实现教育公平；业务范围是资助贫困地区的教育发展，促进教育资源共享，赈灾济困；公益项目有自强之星、烛光行动、双师课堂、一校一梦想、希望小学、春蕾助学行动、赈灾济困、我的大朋友、公益图书角 9 项，以上项目至今已捐款共约 16780 万元，捐赠 3 万余套图书，捐建了 7 所新东方希望小学，还派出教师支教等。为了建立长期稳定的公益资金投入机制，新东方集团承诺每年会将收入的一定比例捐赠给北京新东方公益基金会。

在中国，不管是海尔的张瑞敏这样的国有企业家，还是福耀集团的曹德旺、腾讯的马化腾、新东方的俞敏洪等民营企业家，还有越来越多的大企业家和中小企业的企业家，他们都积极参与各种社会公益活动。这不仅是中国文化传承的一个方面的体现，同时也是社会进步的体现。

企业家应积极参与公益事业，回报社会，履行社会责任，但也要量力而行，根据自己的时间、精力和财力等实际情况参与一些政府倡导的组织和活动来保持与政府的沟通，如行业协会和慈善活动等。通过这些渠道和活动，企业家可以及时了解政府有关信息和向政府反映企业所需要的支持，并充分利用政府提供的资源为企业的发展添砖加瓦。如果企业还没有走上正轨，企业的日常经营管理还需要企业家劳心劳力，而企业家却将大部分时间和精力用于做社会事业，那么企业经营将会危机重重。将企业经营好不仅是企业家的基本职责，也是企业家参与社会活动的前提和基础。

（六）爱国主义精神

爱国主义精神是指个人或集体对民族和国家的一种爱护和支持的态度。国家利益高于一切，企业家在追逐利益的时候，当个人或企业利益与国家利益有冲突时，应该以国家利益为重。天下太平，百姓才能安居乐业，如果国家混乱，甚至个人性命都朝不保夕，何以谈经商？今天中东地区的一些战乱国家的现状时刻提醒我们珍惜国泰民安的日子。

"国家兴亡，匹夫有责"，抗日战争时期，安子介先生就立志实业救国，经历了战争磨难与颠沛流离的生活，不懈奋斗，在 20 世纪六七十年代终于建立了蜚声中外的香港南联实业有限公司。安子介先生先后任香港棉纺业同业公会主席、贸易发展局和工业总会主席等职务，为推动香港的纺织业和国际贸易发展做出了卓越贡献。他坚持爱国爱港，积极投入香港回归祖国的工作，先后担任香港特别行政区基本法起草委员会副主任委员、香港特别行政区基本法咨询委员会主任委员、香港事务顾问等职务，为制定具有历史意义的《中华人民共和国香港特别行政区基本法》做出了重要贡献，因此，他获得了1997年香港特别行政区政府授予的"大紫荆勋章"。安子介先生还先后担任第六、第七届全国政协常务委员，第八、第九届全国政协副主席。

安子介先生还是一个著名的语言文字学家，精通英语，还掌握法、日、德、西班牙等多国语言，撰写了《解开汉字之谜》等21本文字学专著，发明了安子介汉字六位数计算机编码法和安子介写字机；还著有《国际贸易实务》等著作。

抗美援朝时期，西方国家对中国实施全面禁运，中国香港的企业家霍英东却冒着风险组织船队为祖国运送急需物资。基于他为国家做出的贡献，所以在2000年国家举行纪念中国人民志愿军抗美援朝出国作战50周年的盛大活动时，霍英东是唯一受邀出席的香港人。改革开放后，他又积极投身于国家的经济建设，积极投资或捐赠内地多个大桥的重大建设项目，并大力捐资建设国内的教育文化事业和体育事业，热心公益慈善事业。霍英东爱国爱港，积极推动香港与内地的经济文化交流，为两地的发展做出重大贡献，是一位著名的爱国企业家。因此，霍英东先生历任第五、第六届全国政协常务委员，以及第八、第九、第十届全国政协副主席，第七届全国人大代表、全国人大常委会委员，并先后担任香港特别行政区基本法起草委员会委员、香港事务顾问、香港特别行政区筹备委员会预备工作委员会副主任委员等职务；1995年获得国际奥林匹克委员会授予的奥林匹克勋章，1998年获得国际足球联合会颁发的金质奖章。

庄世平先生是香港南洋商业银行和澳门南通银行创始人，1911年生于广东普宁县（现普宁市），出生于动荡年代，在当时的北平中国大学经济系求学时，面对山河破碎风飘絮，他立志抗日救国。他在泰国组织华侨抗日联合会，筹备物资和人员积极参与中国的抗日救国运动，并被日寇两次逮捕，但这并没有改变他抗日救国的决心。

1949年12月14日，庄世平先生无惧英国政府的压力，在香港创办的南洋商业银行开业当天就升起了香港的第一面五星红旗。南洋商业银行在自身不断发展的同时也不忘为百废待兴的中华人民共和国经济建设贡献一份力量。改革开放后，庄世平先生又积极参与国家建设，第一个在深圳设立了南洋商业银行深圳分行，成为我国经济特区的首家外资银行。

虽然庄世平先生生前拥有巨额财富，但他是一个没房没车的"穷富豪"，一生节俭，并常教育子女要爱国与自立自强。庄世平先生离世后，将价值2000亿元的巨额资产南洋商业银行和澳门南通银行也全部无偿交给了国家，并没有留给子女。可见，庄世平先生一生忠于国家与人民！

当今正值中华民族实现伟大复兴之时，政府倡导培养企业家的国家使命感和民族自豪感，引导企业家正确处理国家利益、企业利益、员工利益和个人利益之间的关系，把个人理想融入民族复兴的伟大实践之中。中共中央、国务院《关于营造企业家健康成长环境 弘扬优秀企业家精神 更好发挥企业家作用的意见》倡导企业家要在支持国防建设、构建和谐劳动关系、促进就业、关爱员工、依法纳税、节约资源、保护生态等方面发挥更加重要的作用。企业家应该关注国家的政策动向，认真执行政府颁布的各项政策措施，积极参与国家发展建设，为民族复兴做贡献。

第四章 企业家领导力的构成要素

在杜莱维琴和希格斯的综合领导力模型基础上，我们将领导力划分为管理商（MQ）、智商（IQ）和情商（EQ）三部分，并对各部分构成要素结合中国企业家的情况做了调整。

一、管理商（MQ）

管理商（MQ）是指企业家在管理能力方面的商数，主要包括组织能力、善于沟通、发展他人、行动能力和控制能力。

（一）组织能力

组织能力是企业家组织有效的资源去实现企业目标的能力。企业的资源包括人、财、物、社会关系等。企业资源的有效配置和综合利用能使企业实现投入产出比最大化，以获取最大的投资回报。组织能力，也就是企业家提高全要素生产率的能力。一个组织中的人、财、物等资源的综合开发利用的效率就是全要素生产率，其能够反映出企业的经营管理水平。也就是说，企业家通过发挥组织能力使企业资源得到有效开发利用，以提高全要素生产率。美国经济学家罗伯特·M.索罗在1957年提出了全要素生产率（Total Factor Productivity，TFP）概念，实际上也是指生产力。全要素生产率的高与低也反映出生产力的高与低。经济高质量发展的要求是高质量、高效益、高效率，而高效率是高效益和高质量的基础。党的十九大报告指出，要推动经济发展质量变革、效率变革、动力变革，提高全要素生产率；党的二十大报告重新强调，要坚持以推动高质量发展为主题，着力提高全要素生产率。这说明全要素生产率对宏观层面的国民经济发展和微观层面的企业都十分重要。全要素生产率直接影响企业的绩效。企业的全要素生产率越高，效益也就越高，越有充足的资金投入技术与产品创新，以提升企业的竞争力，而且也容易吸引人才。可见，提高全要素生产率对于企业发展的重要性。而企业家的组织能力对提高全要素生产率具有关键性的作用，加强技术创新、强化内部管控、组织管理提升、人力资源结构优化等手段是有效提高全要素生产率的途径。

在企业发展的不同阶段，企业的资源状况不一样，对企业家组织能力的要求也存在差异性。在创业阶段，资金、技术、人才、市场等企业资源相对比较缺乏，企业在资源有限的情况下如何安全渡过创业期而获得生存机会？这对企业家的组织能力是一个极大的挑战。中国中小企业的寿命普遍比较短，有些企业在创业阶段就倒闭了，血本无归。在这个阶段企业家面临的压力尤其大。另外，在企业的成熟期、衰退期、再生期这几个阶段，企业要面临转型，寻找新的发展机会，需要对资源进行重新调整组合。在这几个阶段，企业家都要具有足够的变革决心、勇气、毅力和强大的组织能力，打破旧的思想禁锢，破旧立新，重新组织资源，再获新生命力，带领企业走出困境，寻找新的生机。

人才在企业的各项资源中居于主导地位，是第一资源。因为企业的一切活动都是由人的活动引发和带动的，人的活动贯穿于企业的整个运营过程中。人才是唯一能创造价值的因素，能为企业带来增值。人才盘活了，资产和其他资源就会跟着盘活，企业所有资源的价值就会体现出来。所以，如何用人对企业家来说至关重要。企业家要善于用人，在合适的时间把合适的人请上车，然后安排在合适的位置，把不合适的人请下车，如通用公司和华为公司采取的末位淘汰制。企业要做到善于用人，就要建立完善的管理体系，设置适合企业当前发展的组织架构，明确每个岗位的职、责、权、利，健全规章制度，完善激励机制，调动员工的积极性，营造一个有利于人尽其才的工作环境。我国历史上因为善于用人而成就大业的典型事例数不胜数，刘邦能用人，成为汉朝的开国皇帝；项羽则因为不善用人，先后失去了韩信、陈平、范增等人才，结果自刎于乌江。刘邦在总结自己战胜项羽的原因时说：运筹于帷幄之中，决胜于千里之外，我不如张良；治国安民，供应军需，我不如萧何；统率百万大军，战必胜，攻必克，我不如韩信。此三人乃人中豪杰，但我能用之，故我能得天下！金无足赤，人无完人。创业者个人的才能总是有限的，要在创业这项复杂的社会活动中获取成功，就必须有刘邦这般善于用人的才能。企业家可以通过组织资源激发人才的能动性，以点带面从而使企业重新焕发活力，重获生机。张瑞敏创造的海尔文化激活"休克鱼"法、"人单合一"模式，以及在海尔推行实施的6个战略发展阶段就是最好的说明。

20世纪90年代是改革开放的第二个十年，在第一个十年的经济发展基础上，经济活力明显增加，市场商机也增多，但有一些企业依然没有随着经济发展而焕发活力。当时国家颁布政策鼓励企业通过兼并与重组拓宽发展途径，国内的企业生态也开始迈入了"大鱼吃小鱼，快鱼吃慢鱼"的时代。在这样的背景下，张瑞敏顺势而为，提出海尔文化激活"休克鱼"法。

"休克鱼"指鱼的肌体没有腐烂，但鱼处于休克的状态，用来比喻硬件水平不错，但思想和观念存在问题，员工精神涣散、积极性不高而导致发展停滞的企业。张瑞敏提出的海尔文化激活"休克鱼"法是指在并购过程中，将被兼并的企业比喻为一条"休克鱼"。为了能够激活被兼并的"休克鱼"企业，挖掘其潜力和激发其活力而使其重新焕发生机，海尔采取的策略是通过输入海尔的管理模式和文化来激活被兼并企业，以最少的资金投入、最低的成本实现企业规模的快速扩张与发展目的。海尔输出的创业精神和把人的价值最大化的企业文化就是激活"休克鱼"的最佳法宝。海尔利用海尔文化激活"休克鱼"的模式先后兼并了国内原青岛电冰柜总厂、青岛空调器总厂、广东顺德洗衣机厂、莱阳电熨斗厂、贵州风华电冰箱厂、合肥黄山电视机厂等大中型企业，并且都扭亏为盈，盘活资产18亿元。这种模式使海尔快速实现了多元化经营与规模扩张，并获得了良好的经济效益。

青岛红星电器公司曾经被列为中国三大重点洗衣机生产企业之一，当时企业发展状况基本与海尔处于同一水平。红星电器公司拥有3500多名员工，年产洗衣机达70万台，年销售收入5亿多元。企业的发展就像一场长跑运动，后来海尔发展越来越快，成为中国家电冠军，而青岛红星电器公司到1995年却资产负债率高达143.65%，亏损近2亿元，出现资不抵债的经营状况。1995年7月，在青岛市政府的协调下，青岛红星电器公司被整体划归海尔集团。海尔在兼并青岛红星电器公司后，经过调研发现，该公司经营失败的原因不在于厂房、设备、技术、资金等硬件资源方面，而是因为管理水平低，导致企业员工缺乏凝聚力、积极性、创造性等，软实力欠缺。针对这种情况，海尔对症下药，在兼并青岛红星电器公司后没有投入一分钱的情况下，通过输入海尔管理模式和以人为本的企业文化，激发员工的积极性，论功行赏，带动员工专心工作，利用无形资产盘活有形资产，整合资源，让企业重新焕发活力。在兼并后的第3个月，红星电器公司就起死回生，扭亏为盈，在当年的12月盈利达到了150多万元。

由于海尔文化激活"休克鱼"法获得了成功，1998年，《海尔：激活"休克鱼"》案例被写入哈佛大学商学院案例库，张瑞敏也成为第一位登上哈佛大学讲坛的中国企业家。

海尔从1984年创立到2005年已经过了名牌战略发展阶段、多元化战略发展阶段、国际化战略发展阶段、全球化品牌战略发展阶段，正迈进第5个阶段——网络化战略发展阶段。海尔经过21年的发展，既取得了一定的成就，同时也存在一些大企业病，阻碍着企业的进一步发展。为了适应市场变化，突破组织僵化问题，提升竞争力，张瑞敏实行管理创新，重构管理体系，调整资源配置，推行"人单合一"的新盈利模式。

海尔"人单合一"模式，人是指员工，单是指客户价值，意思就是员工直接面对客户，开拓客户资源，为客户创造价值，同时分享价值。这种模式就是打破原来企业的科层制管理模式而推行扁平化的新管理模式，创造合作开放、共赢的平台化生态圈发展模式。"人单合一"模式为员工提供了机会公平、结果公平的广阔机制平台，让每个员工都成为创客，每个人都是自己的CEO。这样能有效激发员工通过自我创新、自我驱动为客户创造价值，进而实现自身价值，企业最终也能够通过这种模式提升整体效益，实现员工、客户、企业多方共赢的局面。"人单合一"模式打破原来企业的科层制管理模式，打破员工的惯性思维，实现资源配置重构，从而激发了企业活力。

海尔"人单合一"模式成功实施的案例之一是海尔收购美国通用电气GEA。

美国通用电气GEA是生产家电产品的企业。在被海尔收购前，GEA已经连续亏损近10年，原因是公司有150多项员工福利，每18个月涨薪一次，员工习惯了吃"大锅饭"，缺乏积极性，还有缺乏效率的烦琐审批流程等问题，导致企业亏损。

2016年，海尔收购了美国通用电气GEA。由于中西方在社会制度、文化上存在差异性，员工的思维习惯、工作习惯和生活习惯都不一样，这对海尔收购GEA后的管理而言是一个挑战。但张瑞敏坚定地在GEA推行"人单合一"模式，即使遇到困难也要克服。这一决策实施是否有效有待证明。

事实上，公司发展取得的业绩就是最好的证明。兼并后的GEA实施"人单合一"模式后，即使在新冠肺炎疫情期间销售也保持了两位数增长。2016年被收购时GEA年营业收入有50多亿美元，到2020年营业收入已经达到了约90亿美元。而GEA在2020年的利润，大概是5年前的3倍。2022年，GEA跃居美国第一大家电公司，成为美国增长最快的家电公司。GEA的业务也从核心家电拓展到专业空调、热水器和休闲生活等新产业。

GEA被收购后，表面上看没有发生任何重大变化，人员、设备、核心管理层几乎没有变化。但GEA实施"人单合一"模式后，在同样的资源情况下，业绩却发生了巨大变化。这就是"人单合一"模式的成功所在。不管中西方文化存在什么差异，但对人价值的肯定与充分发挥人的创造性是双方共同的追求。

不管是海尔文化激活"休克鱼"法、"人单合一"模式，还是海尔从1984年创业至今经过的6个战略发展阶段，海尔始终坚持以"人是企业的第一资源"为发展理念，以实现"人的价值最大化"为发展主线，并将二者贯穿于整个发展历程中，让员工在为客户创造价值的同时实现自身价值。企业的发展过程就是一个资源配置不断重构，重新组织的过程，而企业家的组织能力在很大程度上决定了这一过程能否成功。

（二）善于沟通

善于沟通是一个成功企业家的必备素质。企业家在企业中的特殊角色决定了沟通是企业家日常工作的重要组成部分。企业家想要达到有效沟通的目的，就需要具备一定的沟通能力。沟通能力包括口头的准确、扼要的表达能力，对他人的表述的理解与倾听能力，以及个人形象与表达方式、沟通环境的设计能力等。提高理解他人的表述的能力和口头表达能力是提升沟通能力的关键。表达能力首先依赖清晰的思维，要对信息及时做出逻辑分析和判断，然后准确合适地表达出来。沟通能力与个人的知识丰富程度、交际能力和道德品质等素质相关。企业家善于沟通有利于开展企业管理工作。企业家日常工作中的沟通对象主要包括企业内部对象和外部对象，内部沟通对象是指员工，外部沟通对象是指客户、供应商、政府相关部门和媒体等。无论是对企业内部沟通对象还是对外部沟通对象，沟通的内容都是关于企业日常业务运作的事，沟通的目的都是保障实现企业目标与计划。虽然企业内部根据职能设有专门负责与业务相对应的沟通对象对接的部门，如在企业内部按层级分为上级对下级；对外部，销售部对接客户，采购部对接供应商，安监部、人力资源部和行政部对接政府相关部门等，但这并不代表企业家就可以高枕无忧。

1. 企业家对外部的沟通

在对外部沟通方面，因为企业家代表了企业，可以说是企业的形象大使，所以企业家对外与客户、供应商、政府相关部门和媒体等沟通的目的是与客户、供应商维持良好的合作关系，及时了解政府有关企业的政策措施，寻找、利用和整合外部资源，参加社会活动，宣传企业形象，提高企业品牌知名度，与社会各界保持良好的关系，甚至需要应对企业危机。所以企业家在对外沟通时，不管在什么场合，都要谨言慎行，否则容易给企业造成负面影响。现实中也常有企业家在参加一些社会公开活动时，由于所发表的言论不当而引起社会舆论风波的事件。

华为创始人任正非就是一个媒体曝光率极低的特别案例。由于华为在行业和市场上的影响力，再加上任正非的作风又非常低调，自1987年华为创立以来，他就极少出现在媒体前，基本上不参与评选、颁奖、企业宣传等社会活动。直到孟晚舟被加拿大无理扣押，华为也成了社会关注热点，任正非才打破惯例从2019年1月开始接受了多家国内外媒体的采访，对女儿孟晚舟被加拿大无理扣押、华为遭一些国家"打压"、华为的发展等问题做出回应，以消除外界对华为的一些疑虑。

苹果公司的创始人史蒂夫·乔布斯对待公众媒体的态度与任正非截然相反。乔布斯对新产品发布会情有独钟。因为苹果公司的新产品发布会，不仅是一场科技盛宴，展示苹果公司惊人的技术创新成就和革命性的产品，以及对技术与产品追求极致的精神，而且乔布斯以其特有的个人魅力引领科技潮流和消费者进入一个全新的时代，彰显出一个企业家高瞻远瞩的战略眼光和领导力。所以乔布斯在苹果公司的历次新产品发布会上都会备受关注，引起轰动，能够有效提升企业的品牌形象，增加影响力。苹果公司的新产品发布会逐渐变成了企业极具影响力的一次品牌营销活动。在苹果公司不断推出革命性的创新产品和具有特色的新产品发布会的双重推动下，苹果公司的品牌价值不断升高。2012年，苹果公司以6235亿美元的市值，成为有史以来全球市值最高的公司。2014年6月，苹果公司已经连续3年是全球市值最高的公司。2020年8月，苹果公司市值首次突破2万亿美元；2022年1月，苹果公司市值突破了3万亿美元，成为全球首个3万亿市值的企业，相当于全球第五大经济体的GDP体量，仅次于美国、中国、日本及德国。

新东方教育集团的创始人俞敏洪是培训界的佼佼者之一，他经常会参加一些社交活动，是媒体曝光率较高的一位企业家。2021年，应国家"双减"政策的要求，许多教育培训企业转型、减少业务，甚至关闭。新东方同样面临业务停办，各地分校关闭，亏损和裁员，难以独善其身。经过近一年的调整和沉寂后，新东方决定转型向电商发展，进行再次创业，建立东方甄选业务板块，开启农产品直播带货，搭上直播带货的"快车"。俞敏洪组成了东方甄选团队，并亲自带队参与直播带货。由于俞敏洪在培训界的影响力，以及积累了多年的良好社会声誉，他在新东方开启直播带货，无疑是带流量的领头羊。2021年11月7日，俞敏洪正式开始直播带货首秀。由于是直播带货试水，并未产生太大惊喜。12月28日晚，俞敏洪在抖音直播间介绍了新东方的新业务板块——农产品推销直播平台"东方甄选"，正式拉开了直播带货的序幕。有关数据显示，俞敏洪首场直播带货销售额为460.4万元，累计观看人数达到了147.76万人次。随着东方甄选在直播带货方面的不断探索和完善，业务发展越来越喜人。在东方甄选直播带货开启1周年后，截至2022年12月28日，东方甄选账号从1个增加到6个，粉丝总量已突破了3600万，推出了52款自营产品，总销量达1825万单。后来，俞敏洪的直播内容也越来越丰富，从农产品带货到文化旅游推广，直播的方式也从直播间带货发展到在各地进行现场直播，这种方式更能够帮助东方甄选吸引粉丝。"东方甄选看世界"已先后到陕西西安、甘肃和黑龙江等地开展专场文旅直播活动，俞敏洪亲自带队参与，与在线观众一同领略各地的风景名胜。2023年10月23日，俞敏洪亲自带队到泉州开启直播。2023年11月25日，俞敏洪到四川德阳启明东方星聚城开启以"重逢三星堆 相聚在德阳"为主题的直播。这次近2小时30分的直播吸引了260多万人次观众在线观看并参与了互动。

多平台、多渠道、多产品带货成为东方甄选的直播营销策略。除了在抖音平台直播外，东方甄选也拓展自有App和入驻淘宝直播。2023年7月，东方甄选自有App全新上线，提升服务质量，满足客户需求。2023年8月29日，东方甄选俞敏洪亲自带队开启了首次淘宝直播秀。开播一小时后，东方甄选的淘宝直播间在线人数就超过了210万，销售额突破1000万元，成绩斐然。东方甄选经过近2年的发展，根据香港联合交易所发布的2023财年全年业绩，总营收为45亿元，比2022财年的6.01亿元暴增了651%，净利润为9.71亿元，相较于2022财年实现了扭亏为盈。这是俞敏洪作为企业创始人通过直播带货而领导企业顺利转型的一个成功案例。

2. 企业家对内部的沟通

在内部沟通方面，企业家需用简明扼要、通俗易懂的语言将企业的愿景、各阶段的发展目标及计划和各项政策措施、企业文化等清楚地传达给员工，保障从上至下传递信息的渠道畅通，让员工知道公司的发展方向，使他们更好地积极参与。事实上，如果员工不清楚公司的发展目标及计划，他们的工作自然没有方向，就难以有效配合公司实现目标及计划。在传递信息的沟通渠道上，除了下发文件、宣传栏、宣传活动等方式，面谈也是一种有效的方式。企业家不一定要见每一位员工、参与每一个会议，但要有计划、有选择性地与员工面谈和参与不同层级的会议，这都是日常管理工作中的有效沟通方法。

企业家通过写信和写文章的方式与员工或外界沟通，表达自己对某件事的看法或传递一些信息与观点也是一种有效的沟通方式，例如华为创始人任正非，自公司创立至今已写了超过30篇文章。

踏入千禧之年，世界互联网的泡沫开始破裂，IT公司股票大跌，IT产业界一片哀鸣。华为却迎来喜讯，在2000财年销售额达220亿元，增长率为83.33%，居全国电子百强企业首位。华为取得这样的可喜成绩，实在令人鼓舞。但任正非为了提醒员工增强居安思危的意识，在2001年写了《华为的冬天》一文，提醒员工华为的冬天要来了。同年，任正非为了表达他对父亲母亲的深情怀念，在华为内刊上发表了题为《我的父亲母亲》的自述文章，引起很大反响。2007年，当任正非发现公司患抑郁症、焦虑症的员工不断增多，甚至出现自杀或自残现象时，为了鼓励员工积极面对生活，保持乐观主义精神，他写了一封题为《要快乐地度过充满困难的一生——致陈珠芳书记及党委成员》的信。为了倡导企业打造可信的高质量产品，任正非给员工写了一封信——《全面提升软件工程能力与实践，打造可信的高质量产品》。任正非还为新员工写了《致新员工的一封信》，鼓励员工积极融入华为这个大家庭，努力奋斗。2011年12月25日，任正非发表了题为《一江春水向东流》的文章，为轮值CEO制度鸣锣开道，回顾了自己的思想变化历程、创业的心路历程、华为成长过程中的管理发展，阐释华为实施轮值CEO制度的缘由。任正非经常通过写信或写文章的方式向全体员工传达自己对企业发展的一些观点，而且取得了很好的效果，以上所列举的例子只是其中一小部分。

企业制定了目标与计划后，除了在制度上通过检查、考核等方式进行监督外，企业家还要定期安排时间与不同层级的员工沟通，及时了解公司政策、计划的实施效果，制度的执行情况，管理人员履行职责的情况，以及员工对公司的意见和建议，这也是对公司整体运营情况的一种有效监督方式。在对外沟通方面，有些公司会出现员工吃回扣、贪污等现象，造成这类现象的原因除了制度监管出现漏洞外，企业家过度信任或依赖员工而没有定时与客户或供应商沟通也是重要原因。如果企业家定时与客户或供应商沟通，不仅能及时掌握市场信息，而且能对员工起到监督作用，起码能减少他们吃回扣的机会。另外，企业家及时了解公司的发展目标与计划及规章制度的执行情况，有助于保障企业家由下至上所获得的信息的真实性和及时性。这种沟通方式能产生事前沟通的效果，能为企业家决策提供信息支持，使企业有效降低风险。尽管每一个企业家的沟通方式和沟通的侧重点不一样，但优秀的企业家大都善于沟通，在处理对外关系上长袖善舞，对内能及时掌握企业的运营情况，避免因位高权重犯官僚病而难以得到真实信息。

（三）发展他人

发展他人就是指帮助他人提高知识技能、能力素质和改进工作方法等，为别人的发展提供机会。员工选择一家企业主要考虑薪酬待遇、工作环境、个人发展前景、地理位置、家庭等因素。其中个人发展前景与薪酬待遇又有内在联系。商品的价值体现在价格上，而一个人的社会价值通常反映在个人获得的报酬上。员工选择一家公司，通常是认为在公司有发展前景，有机会提升个人价值，个人价值提升是通过职位晋升、委以重任或创造效益来体现的。在个人价值得到提升后，薪酬待遇自然也会有相应的提升。这是员工希望得到的结果，也是企业吸引人、留住人和增强员工凝聚力的关键所在。因此，如何为员工提供合适的发展空间是企业要考虑的问题。所以企业家要具有发展他人的意识。然而，有些企业家大权独揽，事必躬亲，无论大小事，都亲力亲为，自己每天从早忙到晚，当晚上回到家时已经身心疲倦。有些老板则担心把员工培养好了，最后人才流失，甚至会成为竞争对手，所以也不会放手让员工去承担一些重要工作，不让他们得到锻炼的机会。这样企业容易陷入人才断层，无人可用的窘境。

中小企业普遍缺乏对员工的系统性培训，新员工入职后最多找一个老员工去带一下，公司对老员工的培训职责也没有明确的要求与考核标准，基本靠老员工的自由发挥，能教多少算多少，教不教、教什么也由老员工自己定。这种情况实际上是企业没有为员工提供系统的增值平台，完全靠员工自己摸索。这就像员工的手机电量用完了，公司不提供充电的地方，员工还要自己想办法去解决手机充电的事。换而言之，员工进入公司后所应用的知识和技能基本是在进入公司前拥有的,进入公司后获得新的知识和技能的机会是比较少的。当员工"黔驴技穷"无法完成公司下达的任务或胜任岗位职责时,必然会引起领导或老板的不满。这时候员工的压力会增大,价值也没有得到体现,劳资关系自然也容易出现不和谐现象。企业在这种状况下也难以吸引和留住人才。

还有些老板不相信别人,认为在公司中自己是最棒的,公司的发展都是他自己的功劳。术业有专攻,人各有所长,老板也不是全能的,即使是全能的,一个人的时间和精力也是有限的。企业家应该将有限的时间和精力用在刀刃上,思考公司发展战略这样重要的事。

无论是哪种情况,结果都是老板整天忙忙碌碌,整个企业的命运好像都压在老板一个人身上似的,一个字——"累";员工却感到不被信任和不受尊重,对企业缺乏归属感;老板不在公司的时候,谁也拍不了板,大家六神无主。由于没有进行人才培养,企业自然而然就会出现"蜀中无大将,廖化作先锋"的人才短缺局面,最终会制约企业的发展。企业实行老中青、"传帮带"的人才培养模式,不断完善入职培训、到岗培训、在职培训等人才培训模式与人才发展激励机制,才能保障企业发展后继有人。因此,企业家要有培养员工的意识,要制定员工的职业生涯规划,在明确各个岗位的职、责、权的基础上,企业家要相信员工有潜能去承担更重要的工作,并鼓励他们这样做,投入时间和精力去教导培养他们,努力提高他们的能力,使员工有效地促进和发展自己。在人才培养方面,企业高管团队的培养是重中之重。华为的CEO、董事长轮值制就是培养高层人才的一个成功模式。

在介绍华为的CEO、董事长轮值制前,我们需要先了解华为的股权构成和公司治理结构。华为投资控股有限公司是华为的母公司,完全控股华为技术有限公司。华为投资控股有限公司只有两个股东,任正非和华为投资控股有限公司工会委员会。根据天眼查显示的信息,2021年华为投资控股有限公司的持股比例情况是,任正非的占股比例是0.6522%,华为投资控股有限公司工会委员会的占股比例是99.3478%,根据华为的一项"员工股票期权计划",其中工会委员会的股权由超过8万员工个人持有。股东会是公司的权力机构,由工会委员会和任正非两名股东组成。董事会是公司战略、经营管理和客户满意度的最高责任机构，承担带领公司前进的使命，行使公司战略与经营管理决策权，确保客户与股东的利益得到保护。公司董事会及董事会常务委员会由轮值董事长主持，轮值董事长在当值期间是公司最高领袖。轮值董事长的轮值期为6个月。目前华为董事会成员共17名，由持股员工代表会选举产生并经股东会表决通过。工会委员会是持股员工代表会，是履行股东职责、行使股东权利的机构。持股员工代表会由全体持股员工代表组成，代表全体持股员工行使有关权利。持股员工代表和候补持股员工代表由享有选举权的持股员工选举产生，任期5年。华为公司自创立至今，是100%由员工持股的民营企业，而且是世界500强企业中唯一一家未上市公司。华为作为大型跨国公司，其股权结构和公司治理模式在国内是罕见的，在世界500强企业中也是绝无仅有的。

华为的轮值制度最初从总裁办公室会议制度开始，到2004年转变为EMT主席轮值制度，然后扩展到2011年推行的CEO轮值制度，再到2018年升级为董事长轮值制度。

任正非推行CEO、董事长轮值制度的起因在他2011年写的《一江春水向东流》一文中有描述。2004年，美国顾问公司帮华为设计公司组织结构时发现华为没有中枢机构，就提出建立经营管理团队（Executive Management Team，EMT），负责公司重大战略决策。但任正非自己不愿做EMT的主席，于是就开始了轮值主席制度，后来就演变成了现在的轮值CEO和董事长轮值制度。

首先我们介绍华为最早的轮值雏形EMT制度。任正非在华为推行EMT制度，与他前几年的经历有直接的关系。踏入千禧之年，因为互联网与通信技术的快速发展而令世界变得更精彩。当时华为的竞争对手UT斯达康和中兴通讯等选择大力发展小灵通业务，任正非则专注于2G向2.5G、3G升级的通信设备研发，并着力开发欧洲市场，坚持放弃小灵通业务。因为他认为小灵通并不是未来通信产业发展的趋势，会被淘汰，他也反对发展手机业务。而那一时期的小灵通和手机业务正处于蓬勃发展之际。小灵通后来确实被淘汰了，但华为后来也大力发展手机业务。2000年，被称为技术天才的任正非的爱将李一男离开华为自主创业，在北京创立了港湾网络公司。李一男在1993年毕业后就加入了华为。凭借他的技术天赋和对公司的贡献，李一男的晋升速度堪比"坐火箭",在华为发展史上也是罕见的,入职后两天就升任华为工程师,半个月后就升任主任工程师,半年后升任中央研究部副总经理,两年后被提拔为华为公司总工程师/中央研究部总裁,在 27 岁就晋升为公司副总裁。由于李一男对华为的贡献和重要性,他的出走对任正非来说是一个很大的打击。后来因港湾网络公司的产品在市场上与华为展开正面竞争,华为进行反击。2006 年 5 月,港湾网络公司被华为收购。

2001 年,对于任正非来讲可谓流年不利。任正非洞察到 3G 网络是未来的发展趋势。于是华为从 1998 年开始就投入了 40 多亿元研发费用,并在 2001 年成功生产出产品。但由于国内直到 2008 年才决定发放第三代移动通信牌照 3G。这种过度超前的技术创新开发不能在短期内将产品迅速推出市场,企业就无法实现资金回流,这直接导致华为 2001 年的无线产品亏损严重。2009 年是 3G 牌照发放后的第二年,这一年,华为全球销售收入约 1491 亿元,增长 19%,营业利润率 14.1%,净利润 183 亿元,净利润率为 12.2%。任正非当年的预测得到了验证,投入 3G 的研发费用终于才开始有回报了。2001 年,任正非的母亲被汽车撞倒后去世;有创业元老查出脑癌。这些人生变故对任正非也是一种打击。同时,当年互联网泡沫破灭,市场上哀鸿遍野,华为也难以独善其身,受到一些影响。根据外部市场环境的变化,任正非在华为内刊发表《华为的冬天》一文,警示员工要保持危机感。

2002 年,华为营收 221 亿元,第一次出现负增长。事实证明任正非当时的决策错误,让华为错过了小灵通、手机、CDMA 等市场的发展战略机遇。事实上,无论是国内的中兴通讯和 UT 斯达康发展小灵通业务,还是外国公司摩托罗拉、诺基亚、爱立信发展手机业务,当时都在中国市场赚得盆满钵满。为此,任正非开始反思决策模式给华为带来的业务发展困境。这一年对华为来说是多事之秋,而对于任正非来说是异常艰难的一年。后来,任正非在 2011 年写的《一江春水向东流》一文中提到当时的境况:"2002 年,公司差点崩溃了。IT 泡沫的破灭,公司内外矛盾的交集,我却无力控制这个公司,有半年时间都是噩梦,梦醒时常常哭。"2003 年,华为在国内市场发展不利,大部分市场份额被竞争对手中兴通讯和 UT 斯达康占有,在海外市场上又遭到了思科的专利诉讼，面临巨额赔偿和失去市场的风险，后来双方和解。当年公司有创业元老因股权问题将华为告上法庭。那几年在内外交困，心力交瘁的情况下，任正非开始考虑把华为卖掉。对于他的身体健康状况，任正非在《一江春水向东流》一文中也提到了："大约在2003年前的几年时间，我累坏了，身体就是那时累垮的。身体有多项疾病，动过两次癌症手术，但我乐观……"

由于华为与摩托罗拉公司有合作基础，摩托罗拉长期采购华为的电信设备，而且摩托罗拉当时的发展正如日中天，华为可以借助摩托罗拉的技术、品牌和渠道开拓海外市场。后来任正非在接受BBC故事工场采访时被问到为什么当年考虑将华为卖给摩托罗拉，他是这样回答的：因为我们自己预判，按照当时发展的状况，我们会达到世界先进水平，迟早会和美国对抗，到那时美国一定会打击我们。希望卖给摩托罗拉，就是为了戴上一顶美国的"牛仔帽"，公司还是几万中国人在干，也是体现中国人的胜利。资本是美国公司的，劳动力是中国人，这样有利于在国际市场上扩展。可见任正非有意向将华为卖给摩托罗拉。双方经过半年多的多轮谈判，在2003年12月，时任摩托罗拉CEO迈克·扎菲罗夫斯基与华为签订了收购合同。摩托罗拉出资100亿美元收购华为100%的股权，华为的6个业务部门中3个独立发展，3个合并到摩托罗拉。收购合同最后只等摩托罗拉董事会批准便可生效。然而天有不测风云，2004年1月5日，摩托罗拉董事会突然公布了新的CEO人事任命，原CEO迈克·扎菲罗夫斯基被免职。新任CEO爱德华·詹德放弃了收购华为，理由是高价收购一个不知名的公司不值得，并且可能会触及美国法律的监管程序。这场交易就这样戏剧性地无疾而终了。

如果这场交易成功了，两家企业日后的命运轨迹都会发生改变。当时华为有一部分人想去做拖拉机，因为当时中国拖拉机厂正处于崩溃的状态，他们想把洛阳等地所有的拖拉机厂买下来，然后打造成世界上最大的拖拉机王国。而绝大多数人还是想做老本行，继续走通信的老路。

如果当初华为被卖掉了，就不会有今天取得辉煌成就的华为了，可能会出现一个拖拉机王国。这场不成功的交易对于两家企业从此走上不同的发展道路具有标志性的意义。塞翁失马，焉知非福。华为后来如日中天，成为全球通信行业的领导者，而摩托罗拉则日落西山。2011年1月，摩托罗拉正式分拆为摩托罗拉移动和摩托罗拉解决计划两个部门。2011年8月，谷歌公司以125亿美元的价格收购了摩托罗拉移动。同年，摩托罗拉出售无线网络设备业务给诺基亚西门子公司（NSN）。由于这笔交易会涉及华为与摩托罗拉合作时共享的专利，华为就向美国法院提起诉讼，后达成协议，摩托罗拉向华为赔偿2.75亿美元。2012年12月，摩托罗拉出售了于1987年在中国天津建立的工厂。2014年，联想以29亿美元收购摩托罗拉移动。曾经的全球手机业务巨头就这样衰落了。

希望变成了泡影，被当头泼了一盆冷水的任正非只能面对现实。在会议上讨论企业下一步要不要继续卖的问题时，一群对华为充满自信与激情的"少壮派"坚决反对把公司卖了，认为华为自己有独特的核心竞争力，包括技术、创新、市场和企业文化，如果公司被收购，华为就会失去独立性和独特性。经过一番激烈的辩论后，任正非最终决定不卖华为了，继续走独立发展之路。但同时他提醒大家要做好准备，企业在海外发展肯定会遇到麻烦的。为了以防万一，任正非提出了"备胎计划"，要求在关键技术上准备好两套方案：一套是依赖外国供应商的，另一套是自主研发的。这样一来，即使华为将来遇到其他国家的打压，也能够有备而战。华为之后十几年的发展历程证明了任正非提出的"备胎计划"具有先见之明，它让华为后来每次遇到危机都能化险为夷，渡过难关。

既然华为决定了继续走独立自主的发展道路，就要重新整装待发，踏上新的征程。任正非经历了这几年的波折后，对企业的经营管理决策和未来发展进行了反思。这也是促成EMT轮值制度形成的一个关键动因。

华为的EMT由董事会委任，成员多与董事会成员重合，负责公司日常经营管理工作，是公司日常经营的最高责任机构，敲定公司的重大决策。EMT最初的成员包括任正非、孙亚芳、郭平、纪平、费敏、洪天峰、徐直军、胡厚崑、徐文伟，具体运作机制如下。

（1）EMT由9~12人组成，端对端地代表整个华为。

（2）牵头人：EMT轮值主席。

（3）成员：董事长、副董事长、CFO、人力资源总裁、企业发展总裁、产品与解决方案总裁、战略与 MKT 总裁、销售与服务总裁、运作与交付总裁、其他高层管理者。

（4）秘书机构：EMT 秘书处。

（5）运作机制：每月召开一次例会，由 8 位领导轮流当值，每人半年，经过两个循环。

其次是 CEO 轮值制度。2004 年是华为发展史上的一个分水岭，随着华为度过前几年的艰难日子和开始推行 EMT 轮值制度，华为进入了另一阶段的快速发展期。EMT 轮值制度推行后，华为在发展战略决策上再没有发生过重大失误，公司在日常管理和决策上更具有效率和科学性，而且还有意外收获，原来的"山头主义"、部门之间的矛盾减弱或者消失了。2010 年，华为超越了诺基亚、西门子和阿尔卡特朗讯，成为全球仅次于爱立信的第二大通信设备制造商。EMT 轮值制度给华为带来的效率和效益是显而易见的。于是，华为决定从 2011 年开始将 EMT 轮值制度升级为 CEO 轮值制度。任正非准备下放更大的权力，更好地培养接班人。

2011 年 1 月 15 日，华为选举产生了第四届董事会、监事会。董事会成为公司的最高决策机构，负责公司重大事项决策，并指导和监督各项决策的执行，负责领导 CEO 轮值制度的执行。董事会成员与原 EMT 大部分成员一致。轮值 CEO 由 3 名副董事长（郭平、徐直军、胡厚崑）轮流担任，每人轮值半年。轮值 CEO 负责召集和主持公司会议，统筹公司的日常经营管理工作，对履行职责的情况及时向董事会成员、监事会成员通报。原来的 EMT 轮值制被下放到各业务运营中心（BG），承担为 BG 选拔人才与集体决策的责任，进一步发挥其作用。

对于 CEO 轮值制度的看法，任正非在《一江春水向东流》一文中有说明，"这比将公司的成败系于一人的制度要好。每个轮值 CEO 在轮值期间奋力地拉车，牵引公司前进。他走偏了，下一轮的轮值 CEO 会及时去纠正航向，使大船能早一些拨正船头。避免问题累积过重得不到解决"。另外，任正非在《董事会领导下的 CEO 轮值制度辨》一文中认为，"过去的传统是授权给一个人，因此公司命运就系在这一个人身上。成也萧何，败也萧何。非常多的历史证据证明了这是有更大风险的"。CEO 轮值制度属于集体决策，可避免因个人过分偏执而带来的风险。"轮值期结束后并不退出核心层，就避免了一朝天子一朝臣，使优秀员工能在不同的轮值 CEO 领导下，持续在岗工作"。这有利于保持员工的稳定性。

CEO 轮值制度推行了近 8 年，整个制度的运作越来越成熟，华为的发展如日中天，公司取得的业绩是最有力的证明。2012 年 7 月，华为成为全球第三大智能手机厂商，仅次于三星和苹果。2013 年，华为超越了爱立信，成为全球第一大通信设备供应商。因此，任正非对于 CEO 轮值制度越来越自信，准备将 CEO 轮值制度再推上一层楼，升级为董事长轮值制度。

最后介绍一下华为的董事长轮值制度。2018 年 3 月 22 日至 23 日，华为举行了第三届持股员工代表会会议。随后华为公布了新一届董事会人选，任职 19 年的孙亚芳辞任董事长，由原监事会主席梁华接任，任正非不再担任副董事长，变为董事会成员。同时，华为开始实行董事长轮值制度，由前轮值 CEO 郭平、徐直军、胡厚崑依次担任。轮值董事长根据授权对公司进行管理，轮值期为 6 个月，未来 5 年依次循环当值。任正非保留了"一票否决权"，但这项权利并不是他个人的，而是由公司已退休的高管 7 人小组共同享有。任正非认为，当值的轮值董事长是公司最高领袖，不当值的轮值董事长也在起辅助和制约作用，常务董事会、董事会也要对轮值起到制约作用。董事长执掌持股员工代表会，有罢免不合格高管的权力。轮值机制最主要的是保护干部，避免一朝天子一朝臣的现象。

斗转星移，在董事长轮值制度推行 5 年后，华为公司官网公布的信息显示，2023 年 3 月，华为工会委员会第四届持股员工代表会和股东会进行了董事会换届选举，产生了新一届董事会成员和候补董事。董事会选举产生了副董事长和常务董事，确定了列席常务董事。董事会成员是梁华、徐直军、胡厚崑、孟晚舟、汪涛、张平安、余承东、李建国、何庭波、郑良材、任正非、陶景文、彭博、查钧、侯金龙、杨超斌、应为民，以上人员至少在华为有 24 年的工作经历，各有专长，并且全部成员都毕业于国内高校，没有一个是"海归"。

这种情况对于一家跻身世界500强行列的高科技企业来说是罕见的，甚至是独一无二的。

公司董事会确定副董事长徐直军、胡厚崑、孟晚舟担任公司轮值董事长。轮值董事长在当值期间是公司最高领袖，领导公司董事会和常务董事会。轮值董事长轮值期6个月，按如下顺序依次循环履行职责，孟晚舟将首次担任轮值董事长：孟晚舟，2023年4月1日至2023年9月30日；胡厚崑，2023年10月1日至2024年3月31日；徐直军，2024年4月1日至2024年9月30日。

对于轮值制度的作用，2020年任正非在接受《南华早报》采访时做了三点总结：一是让公司长期保持新鲜感；二是保持干部稳定性；三是下台期间就是他准备再次上台的充电时间。

总而言之，任正非推行的华为最高管理层轮值制度有效解决了企业4个方面的重要问题：一是企业高层领导人才的培养。每一个轮值者在履行轮值的岗位职责时，既要处理公司日常事务，也要为高层会议准备起草文件，使他们得到了一个更广阔的施展本领的平台和极大的锻炼机会。同时也锻炼了他们制定公司战略和制度的能力。二是培养了他们的大局观，缓解了公司内部各方之间的矛盾，减少了企业内耗，增强了团队的协作精神和战斗力。三是由于几个轮值者的知识结构、专业与经验背景、管理理念等都存在差异，轮值制能够提供平台与机会让每一个轮值者充分发挥自身的特长，而且可以避免长期单一领导容易导致的决策偏颇风险。同时，他们优势互补，群策群力，共同决策，有助于保障公司发展战略的稳定性和持续性。四是可以降低因一个人长期承担企业战略规划与执行的巨大工作压力而带来的潜在个人风险，从而更好地管控风险。

企业家还要进行有效的授权，给员工发展的机会，激发员工潜能，并要随着员工水平能力的提升不断地将员工放在最合适的位置，这样也能给自己节省时间和精力去做更重要的事情。孙亚芳入职华为7年就晋升为董事长，是任正非有效授权培养下属的成功案例之一。

根据公开资料，孙亚芳是1977年国家恢复高考后第一届大学生；1982年毕业于成都电讯工程学院（现电子科技大学），在新乡国营燎原无线电厂任技术员；1983 年在中国电波传播研究所任教师；1985 年在北京信息技术应用研究所任工程师；1992 年孙亚芳进入华为技术有限公司工作，先后担任市场部工程师、培训中心主任、采购部主任、武汉办事处主任、市场部总裁、人力资源委员会主任、变革管理委员会主任、战略与客户委员会主任、华为大学校长等职务，从 1999 年开始担任华为技术有限公司董事长，任职 19 年，于 2018 年卸任。

孙亚芳是在华为创立 5 年后才加入的，算不上公司的创业元老，但从孙亚芳担任过的职务来看，特别是入职 26 年，有 19 年担任董事长，本身是技术出身的她还主管过市场部和人力资源部两个重要部门。华为的最终决策者是任正非和孙亚芳，被称为"左非右芳"。一人之下，万人之上，孙亚芳在华为的地位可见一斑。

孙亚芳虽然不是创业元老，但能够获得任正非的重用与培养，最重要的还是靠她自己的能力与表现。从以下几个广为传颂的事件就可以看出孙亚芳为什么在华为有如此地位。一是在 1992 年，当时华为因货款回收慢而导致现金流紧缺，员工工资也拖欠了几个月，员工士气低落。在大家忧心忡忡的时候，公司突然收到了一笔货款，真可谓雪中送炭。就在任正非和其他领导人员拿不定主意怎样使用这笔钱时，刚入职不久的孙亚芳建议先发放工资。于是苦等数月的员工终于拿到了工资，工作积极性马上提高了，新产品也很快研制出来了，原来存在的各种问题也迎刃而解，公司逐渐走出了困境。二是为了打破员工能上不能下的惯性思维，增强员工的危机意识，1996 年 1 月，孙亚芳带领市场部所有正职干部集体辞职，然后重新竞聘上岗，开了华为员工能上能下、工资能涨能降、先辞职后就业的先河。根据竞聘要求，华为市场部所有正职干部，从市场部总裁到各个区域办事处主任，都要提交述职报告和辞职报告，公司采取竞聘方式进行答辩，结合其表现、发展潜力和企业发展需要，批准其中的一份报告。大约 30% 的干部在这次竞聘中被替换下来。三是 2007 年，为了重新激发组织活力，孙亚芳又一次主导了"换工号"运动。工号为 001 的任正非与董事长孙亚芳带头辞职，孙亚芳还说服数千名员工"下岗"。尽管他们绝大多数实现了"再就业"，但华为员工上下流动的空间再次被打破了。四是 2018 年的董事会换届选举，孙亚芳主动提出交接让贤，以身作则带领企业完成公司领导层的迭代更替。虽然孙亚芳辞去了董事长一职，但她仍然为华为治理体系的进一步建设与完善继续做贡献。

无论是华为的 EMT、CEO 和董事长轮值制度，还是孙亚芳在华为的成功成长案例，都说明任正非对人才培养模式进行了成功的探索。

为了更有效地培养人才，企业应该建立一套有效的人才培养机制，有些企业与高校建立合作，也有些企业建立自己的企业大学，或者采取两者结合的方式。企业大学的主要作用体现在交接班、团队建设和企业文化传承方面。例如，在 2017 年 6 月 7 日发布的 2017 年《财富》美国 500 强排行榜中，排名第十三位的通用电气公司（GE）在 1956 年创立的克劳顿管理学院，被《财富》杂志誉为"美国企业界的哈佛"，出自 GE 公司且跻身《财富》500 强的 CEO 就多达 137 位。克劳顿管理学院有明确的使命：创造、确定、传播公司的学识，以促进 GE 的发展，提高 GE 在全球的竞争能力。克劳顿管理学院是 GE 高级管理人员培训中心，为 GE 员工的成长与发展提供培训，向 GE 各业务部门传播最佳实践、公司的举措以及学习的经验，传播公司的文化与价值观。每年在克劳顿村接受培训的 GE 高级经理人员都达 5000~6000 人，他们来自 GE 在全球的业务部门。克劳顿管理学院的教员有 50% 来自 GE 高层管理人员，其中包括 GE 前董事长兼 CEO 韦尔奇先生和现任董事长兼 CEO 杰夫·伊梅尔特先生。克劳顿管理学院建立了一套结合个人发展的培训层级体系：从基层员工到高级经理人，处于职业生涯不同阶段的人才都能够在这里获得自己的所需。

中国企业虽然在建立自己的企业大学方面比西方的企业起步晚，但我们的企业大学现在也纷纷建立起来了，如海尔在 1999 年创建了海尔大学，作为海尔人的学习平台和创客加速平台，承接海尔集团"企业平台化、员工创客化、用户个性化"的发展战略，搭建开放的并联交互平台，加速创客孵化、助力小微企业引爆，并通过交互推广海尔的"创业、创新"文化及"人单合一"双赢模式，助力每位员工成为自己的 CEO，持续为用户创造价值。阿里巴巴在 2004 年创办了阿里学院，致力于电子商务人才的培养，立志打造全球领先的电子商务教育服务机构，打造权威外贸培训、网络营销培训，汇集海量网上学习内容，覆盖电子商务的网络。中兴通讯在 2003 年成立的中兴通讯学院，其宗旨是为中兴通讯的客户提供有显著价值的专业培训、咨询服务和专业出版物，提供知识解决方案。为了将自己打造成一个学习型组织，华为公司在 2005 年成立了华为大学，为员工及客户提供众多培训课程，旨在以融贯东西方的管理智慧和华为的企业实践经验，有效培养人才，支持公司的战略实施、业务发展和人力资本增值，成为企业发展的助推器；同时为客户和合作伙伴提供全面的技术和管理培训解决方案，提升客户满意度。百度营销大学由百度公司创建于 2012 年，核心课程体系涵盖互联网营销理念、互联网营销策略、互联网营销方式、互联网营销管理等方面，其致力于推动中国营销人员互联网营销水平不断提升，让互联网营销的理念、方法成为广大营销人员的常识，从而推动中国企业应用现代营销手段的能力不断上升。腾讯公司在 2014 年成立了腾讯大学，该大学细分为四个子学院：微信学院、电商学院、开发平台学院、互联网学院。

  下面我们来看看电视巨头创维集团创始人黄宏生是如何通过分权来发展他人的。2001 年 3 月，张学斌加盟创维，向创始人"要求授权"。当时创维在营销、研发、财务等方面的管理还比较粗放。张学斌向黄宏生提议成立彩电事业部，要求这个事业部的经营权、人事权、财务权都归自己，同时 3000 万元之内的资金配置不需要黄宏生批准。彼时黄宏生刚经历了中国区域销售总部总经理率众出走事件的冲击，在痛感不放权不行的形势下，答应了张学斌的要求。那位中国区销售总部总经理是将创维营收规模从几亿元做到了 40 多亿元的营销强人，他的出走极大地触动了黄宏生。这件事也是推动黄宏生后来对企业进行变革的动因。

  2003 年，创维开始实施期权、盈利分享等职业经理人激励制度，包括严格的绩效考核制度，将员工效益与业绩挂钩；2004 年，创维还批量提拔年轻人进入高管层。2004 年创维已初具职业经理人管理体系。

  2005 年，创维改组了董事会，时任深圳市电子商会会长王殿甫接替黄宏生，出任创维董事局执行主席，张学斌出任创维董事兼总裁；2007 年 4 月，张学斌接任创维董事局主席。

期间,张学斌力推治理改革,最重要的是对分公司的股权分置改革。自 2007 年开始,创维在广州、广西等四家分公司实行"分公司法人化",各地分公司骨干员工可按比例持股,分公司总经理是最大股东,最高可获得 30% 的股权,员工收入与分公司当年业绩直接挂钩。到 2008 年,创维在全国完成了对 40 家分公司的改革。分公司成为有决策权的独立运作实体,在制度上激发了员工的积极性。

而在兼任创维集团董事局主席时,除了对创维在战略规划、资源配置与营运管控等方面做调整以外,张学斌还推动成立和修订了创维的薪酬委员会、决策委员会及提名委员会。其中,提名委员会、薪酬委员会等机构在 2005 年就成立了。2012 年 3 月底,张学斌进一步优化了这些制度,实现了"系统全面升级"。

现在,创维创始人黄宏生如果有什么意见或者人才推荐,都需要通过提名委员会、决策委员会的研究后,才能交给经营层去实施。

自 2009 财年以来,创维连续 3 年净利润超过 10 亿元,2012—2013 财年上半年,创维收益更是优于国内大多数家电企业,实现销售额与盈利双增长。2023 年,创维实现营收 690.31 亿元,同比增长 29.1%;归母净利润 10.69 亿元,同比增长 29.3%,创造了辉煌的业绩。

(四)行动能力

行动能力是指个人或组织将想法、目标和计划积极付诸行动的能力,是自动自觉做事的能力。个人行动能力转化为组织行动能力,就能够提升整个组织的行动能力。个人的行动能力取决于其理念意识、性格特征、工作习惯等因素。行胜于言,行动是成功的开始。即使制定了非常完美的目标与计划,如果不付诸行动,那就永远只是纸上谈兵。行动能力还要体现在持续性上,不是"三天打鱼,两天晒网"的一两次行为,而是需要长久保持的持续性行为,就像滴水穿石,铁杵磨成针那样。这就需要决心、意志和毅力。因此,人生最可靠的希望就是将希望寄托于自己的意志和行动上,一切才皆有可能。企业家的行动能力体现在个人和企业两个层面。对个人而言,企业家要将自己的梦想、目标和计划等付诸实际行动，而不是只停留在想的阶段。企业家通常会比一般员工更具高瞻远瞩的眼光。因此，他们的想法不一定会得到别人的认可，也会被认为是不可理喻、脱离实际的空想。企业家就要想方设法将已说出来的承诺变成现实，言行一致，说到做到。对企业来说，企业家的目标和计划，往往也是整个公司的计划，企业家不仅要有推动公司将已制定的计划实施的能力，而且要有坚定不移的决心和超强的自我执行能力。因此，一个优秀的企业家应该是一个不折不扣的行动主义者。

一个资不抵债、濒临倒闭的国有小厂能够发展成为今天的跨国集团企业，成为世界家电第一品牌，毋庸置疑，张瑞敏的行动能力在海尔的成长历程中起到了重要作用。

1984年12月26日，35岁的张瑞敏从青岛市家电工业总公司副经理岗位调到青岛电冰箱总厂任厂长，之前该厂已经走了3任厂长。当时这家有600人的冰箱厂处于濒临倒闭的状态，营业额只有348万元，亏空147万元，已经发不出工资，负债累累，产品滞销，人心涣散，纪律松散，工人上班打瞌睡，来去自由，在车间随地大小便。工厂只有一条烂泥路，下雨天更是让人苦不堪言。张瑞敏上任时适逢过新年，他被迫外出到农村大队借钱发工资，才让员工过了一个年。

张瑞敏的行动能力在海尔的管理、技术与产品创新方面体现得最突出。

1. 管理革命

事是人做出来的，人的行为是由制度约束出来的。人管人，累死人，必须以制度管人。正如国有国法，家有家规一样，要改变电冰箱总厂的命运，首先要从规范制度入手。新官上任三把火，所以张瑞敏先烧了"制定13条规章制度"这把火。这13条规章制度开启了海尔的管理革命之路，具有里程碑意义。

这13条规章制度内容包括：①不迟到、不早退、不旷工；②不准代他人划出勤卡；③工作时间不准打扑克、下棋、织毛衣、干私活等；④工作时间不准串岗；⑤工作时间不准喝酒；⑥工作时间不准睡觉；⑦工作时间不准赌博；⑧不准损坏工厂设备；⑨不偷工厂里的财物；⑩不准在车间里大小便；⑪不准破坏工厂的公物；⑫不准用面纱柴油烤火；⑬不准带小孩和外人进入工厂。

这些制度是专门针对当时工厂存在的现象而制定的。或许今天有人看到这些规定时觉得有点可笑，不可思议，但在当时的具体情况下这确实是亟须的。张瑞敏公布这些制度只是行动的第一步。如果公布了而不执行，那就是形式主义。制度公布后发现有人拿走了工厂的一箱原料，第二天被开除，杀一儆百。这是张瑞敏推动制度执行的第二步。随着制度的有力执行，工厂的不良风气也逐步得到改善。员工开始自觉遵守有关规章制度，工作积极性也逐步提高。

砸冰箱事件是海尔发展史上质量管理革命的一个里程碑。

1985年，当张瑞敏得知有客户反映海尔的电冰箱存在质量问题时，就去仓库检查，发现400多台冰箱中还有76台存在质量问题，于是召集全厂职工当众带头把这76台冰箱砸了。张瑞敏砸冰箱的最终目的是要表明自己改善产品质量的决心，从而增强员工的质量意识。砸冰箱掀起的海尔质量管理革命终于见成效了，1988年12月，海尔获得了中国电冰箱史上的第一枚质量金牌，这为海尔未来的发展奠定了良好的基础。

张瑞敏砸冰箱成了一个脍炙人口的企业管理故事，为众人所熟识，但这只是张瑞敏推动管理革命的一个开始，而不是一次逢场作戏的即兴行为。在2008年8月28日，张瑞敏又挥锤砸仓库了。这次张瑞敏砸仓库是为了解决库存管理问题，通过改变管理模式和运营方式，降低库存，减少资金积压。

除此之外，张瑞敏推行的OEC管理法和"人单合一"模式都意在打破原来的管理桎梏，探索有效的新管理模式，不断提升企业竞争力。

2. 技术与产品创新行动

技术与产品创新是海尔不断发展的源动力。产品要在市场上获得竞争力，就要不断创新，不断推出符合市场需求的新产品。张瑞敏自1984年到海尔任职开始，就带领海尔在技术与产品创新方面不断进步。

以洗衣机为例。1996年，四川区域的海尔售后人员收到用户投诉洗衣机质量不好，排水管经常堵塞，经过调查发现，排水管堵塞是由于大量泥沙所致，原因是当地农民普遍种植土豆，为了解决土豆收回来之后的清洗问题，于是有用户想到用洗衣机来洗土豆，这种方法又省劲，又干净。但洗衣机原来是没有这个功能的，所以就容易导致泥沙堵塞排水管。发现这一问题后，海尔就组织团队研发出了能洗土豆、洗地瓜的洗衣机。除此之外，海尔还根据不同地区的差异化需求研发出了"打酥油洗衣机""洗龙虾洗衣机""洗荞麦洗衣机"等。

2002年，海尔自主研发了世界第四种洗衣机——"双动力洗衣机"。这种洗衣机首次采用双动力技术，洗衣不缠绕，从源头上解决了衣服洗变形的问题，而且双动力洗衣机洗涤速度更快、洗净比更高。

2014年，海尔解决了困扰行业百年的"脏桶洗衣"难题，研发出了"免清洗"洗衣机。这款洗衣机每次洗衣服的同时都能给自己"洗澡"，一举两得。"免清洗"技术不断迭代升级，现已成为引领行业发展潮流的技术。

为了实现一台洗衣机就能满足用户把衣服同时分开洗的需求，海尔在2015年发明了全球首款"双滚筒洗衣机"。这项创新技术引领了"分区洗"的行业发展趋势。

2022年，海尔推出"直驱精华洗"洗衣机。这种洗衣机可以节省37%的洗衣时间，同时省电29%，省水38%，更低碳环保，而且平稳安静、又快又干净，即使是晚上洗衣服，也不用担心会影响休息。

正是由于海尔保持在技术与产品上的创新，才让其产品在市场上的竞争力长盛不衰，而一切创新和发展的基础都是行动能力。

（五）控制能力

控制能力就是指企业家对企业整个运营过程的实际把控能力。影响企业发展的环境因素主要分为内部环境因素和外部环境因素。内部环境因素包括日常管理、各项资源和企业文化等；外部环境因素包括政治环境、经济环境、技术环境和社会文化环境等。在控制范围方面，企业家如果能够控制一切影响企业发展的因素，那是最有利于企业的，但从企业受影响的内外部环境因素看，外部环境因素是不受制于企业家的。所以企业家只能控制企业的内部环境因素。企业家对内部环境因素控制的好坏程度则反映了企业家控制能力的强弱。正常情况下，企业家对内部环境因素控制的好坏程度可以通过企业是否完成了原来制定的目标和企业出现的问题多少来衡量。如果公司没有实现既定的目标，或者出现的问题很多，就证明企业家的控制能力较差。当然，这种分析方法排除了特殊原因的因素。企业家应该清楚哪些环境条件或范围是可以控制的，哪些是不受控制的。无论在哪种情况下，企业家都应该提升控制意识和采取相应的应对措施。我们分别从企业股权控制权、企业发展战略、企业内部管理三方面阐释企业家的控制能力。

1. 对企业股权的控制

股权是股东按股权比例而享有的从公司获得经济利益和参与公司经营管理的权利。股东的股权比例可以从法律层面通过工商注册登记或投资协议来清晰地界定，但关于股东按股权比例而享有从公司获得经济利益和参与公司经营管理的权利在现实中并不是每一家公司都能完全执行。例如，有些公司的股东没有机会看到反映公司实际经营状况的财务报表；公司的重要决策没有按《中华人民共和国公司法》执行，平常基本上是由大股东说了算，小股东甚至连参与决策的机会都没有。企业发展中常常会遇到资金短缺情况，需要融资，但资本方的目的只是追逐利益，没有创始人的创业情怀。所以企业家能够融资成功，帮企业渡过难关并不一定全是福，长远看可能潜藏着祸。由于经营管理理念和对企业的发展目标存在差异，企业创始人与资本方在合作过程中难免发生冲突，实践中还出现了不少企业创始人被赶走的案例。这肯定有违企业创始人当初引入资本的初衷，但现实是残酷的，从国外的苹果公司的史蒂夫·乔布斯、雅虎公司的杨致远，再到国内的乐百氏的何伯权、新浪网的王志东、湖南太子奶的李途纯、俏江南的张兰，还有雷士照明的吴长江先后三次出局，南玻集团的曾南拼搏了30年，到了71岁还被人踢出公司。他们不会是最后一批落得这种下场的企业创始人。华为的任正非认为，"我们不需要资本进来，资本贪婪的本性会破坏我们理想的实现"。

史蒂夫·乔布斯在19岁时因为经济困难而休学，被迫出来工作赚钱。他对计算机怀着极大的兴趣，梦想能够拥有一台自己的计算机，于是利用空余时间与史蒂夫·沃兹尼亚克一起尝试开发电脑。功夫不负有心人，他们后来终于成功安装了第一台电脑。1976年4月1日，他们在史蒂夫·乔布斯的车房里创办了公司，乔布斯将其命名为苹果公司。这一年他们推出了苹果第一款个人电脑——"苹果Ⅰ号"。随着业务的发展，1980 年 12 月 12 日，苹果公司公开上市发行股票，结果上市 1 小时就被抢购一空，作为公司董事长的乔布斯成了公司排名第一的亿万富豪。然而，乔布斯的经营管理理念与其他高管有冲突，在同行 IBM 公司推出个人电脑而领先市场的情况下这一冲突升级。结果导致他被董事会撤销了职务，最终乔布斯在 1985 年被迫离开了苹果公司。后来他创办了皮克斯动画工作室。苹果公司的发展并没有因为乔布斯的离开而蒸蒸日上，反而事与愿违，在 1996 年，苹果公司的市场份额也由鼎盛时期的 16% 跌到了 4%，公司陷入了衰退的困境。反观乔布斯的皮克斯动画工作室却风生水起，与苹果公司形成了鲜明对比。为了挽救苹果公司，1997 年，乔布斯决定重新回归苹果，并带领苹果重新走上巅峰。此后，乔布斯直到 2011 年离世前都没有再离开过苹果公司。

作为企业创始人曾经被迫离开公司，后又能够重新回来并带领公司重塑辉煌，之后就像乔布斯一样没有再离开过公司的企业家，毕竟是凤毛麟角。大多数企业创始人被资本扫地出门后，只能是怀着伤感哀叹一声，一去而不复返！

虽然企业引入资本后企业家并不一定都会落得令人唏嘘的结局，有一些也实现了皆大欢喜的双赢局面，但我们还是需要对企业引入资本持谨慎的态度。我们梳理国内不同时期具有代表性的案例，以便帮助大家对企业引入资本的风险性提高警惕。

广东乐百氏公司引进法国达能公司加盟后，结果是创始人何伯权最后离开了乐百氏。这是中国民营企业与国际知名食品饮料跨国企业合作后，中国企业创始人被踢出局的一起典型案例。

何伯权在 28 岁那年当上了镇团委书记，负责管理镇上的制药厂及招商工作。乐百氏创立的起因是有一次何伯权到香港探亲，意外发现当地有一种小孩子喜爱的、价格便宜的乳酸奶蕴藏着商机。1989 年 1 月，在地方政府的支持下，何伯权决定"下海经商"，与其他 4 位创业伙伴通过租用广州乐百氏商标 10 年使用权的方式在广东中山市小榄镇创立了中山乐百氏保健制品有限公司，后来随着公司的不断发展壮大，在 1992 年组建成了今日集团。

乐百氏公司成立后，与中山医科大学、华南理工大学、广东医药学院、广州微生物研究所等多家单位联合研发出"乐百氏"乳酸奶，在1989年6月上市后，产品就出现供不应求的状况。在市场供求关系严重不平衡的年代，市场充满了商机。乐百氏自创立后就一路迅猛发展，到了1993年，"乐百氏"已经成为中国乳酸奶第一品牌，并且在1993年之后连续6年都保持着全国市场占有率第一的殊荣。在何伯权的带领下，乐百氏的销售业绩一路快速攀升，从1989年创业到1998年，用了9年时间销售收入就迅速上升到20亿元，"乐百氏"也成了家喻户晓的知名品牌。

1997年，今日集团收购了广州乐百氏，由创业之初的商标租用者变成拥有者，彻底解决了商标的所有权和使用权问题，避免了日后的商标纷争。

1998年，今日集团花巨资聘请了世界知名管理咨询公司麦肯锡为其提供发展战略建议。但乐百氏后来的发展结局证明了这次咨询并没有给企业带来实际性的意义。今日集团是中国食品饮料行业中第一家引进当时世界最先进的SAP企业管理信息系统的企业。

1998年，美国哈佛大学商学院的研究员前往中山市的今日集团考察公司的创业成长历程。1999年，今日集团入选哈佛大学教学案例。同时，哈佛大学邀请何伯权前往讲学。

1999年8月，今日集团总部从中山迁到了广州。企业的发展有了更高、更长远的目标。同年10月，企业名称从今日集团更名为乐百氏集团，实现了企业名称与商标的一致性，有效降低了企业的品牌宣传成本。

当企业不断发展壮大时，乐百氏也同样面临着市场竞争和未来发展的挑战。为了解决资金和未来企业国际化发展的问题，提升企业竞争力，何伯权决定与跨国公司合作。这个决定的初衷是好的，企业与跨国公司合作是希望获得发展需要的资金、先进的技术与管理模式、国际化发展的资源，后来的发展结果却事与愿违。原因是股权设置不合理和对跨国公司的合作缺乏足够的了解。跨国公司与中国企业合作的主要目的是快速实现本土化，利用合作企业的现有销售渠道和市场客户资源，而资金、品牌、技术和管理等方面不是他们合作的核心。甚至可以说，要合作的中国企业基本上本来在同行业里就是跨国公司的竞争对手或者潜在对手，因此它们合作会存在不可告人的目的，那就是通过合作控制中国企业品牌运作，采取弱化、老化和雪藏中国企业品牌的措施，最终把中国企业的品牌从市场上抹掉，把竞争对手消除。所以这种合作本来就是同床异梦，从一开始就已经注定了结果。

2000年3月，乐百氏与法国达能公司开展合作，共同出资组建乐百氏（广东）食品饮料有限公司。准确来说，乐百氏是被达能公司收购了，因为达能公司控股92%，小榄镇镇政府控股5%，何伯权与其他4名创业者仅共控股3%。这样大规模出售股份过度稀释了股权，导致何伯权要对企业拥有绝对控制权是完全不可能的。这一决策性错误也为日后他离开乐百氏埋下了地雷。

两家公司开始合作后，作为控股方的达能公司并没有要把"乐百氏"这个品牌继续发展壮大的意图，而是弱化"乐百氏"品牌，发展达能自有品牌。这完全暴露了达能的并购目的。达能公司与何伯权的分歧越来越大，冲突已经无法避免。

2001年11月30日下午，何伯权与其他4位创始人宣布集体辞职。

失去了企业控制权的何伯权最终很无奈地被踢出局！何伯权被迫离开后，乐百氏的发展完全体现了达能公司收购的意图。随着乐百氏被达能边缘化，原来的很多业务板块也被逐渐剥离了，企业陷入了困境。

2005年，乐百氏亏损超过1.5亿元；2006年又开始大规模清洗员工。

到了2013年，乐百氏原有的业务被砍到只剩下饮用水，原来的拳头产品酸奶在市场上也彻底销声匿迹了。

2016年，达能公司将乐百氏出售给中国企业盈投控股有限公司。乐百氏从辉煌时期转到达能手中，16年后被视为"包袱"甩掉，结局令人唏嘘。

曾经是乐百氏竞争对手的娃哈哈在1996年也曾与达能合资。但娃哈哈创始人宗庆后一直强势牢固掌握着娃哈哈的控制权，即使后来娃哈哈与达能也存在纷争，但娃哈哈没有发生像乐百氏这样的悲剧。

新浪网的王志东是互联网企业创始人被资本驱逐出局的典型案例。

王志东被誉为"软件界的奇才"，是第一个写出Windows中文平台的程序员。

第四章 企业家领导力的构成要素

1998年，王志东创办了中国互联网巨头新浪网，担任新浪网首席执行官兼总裁，领导新浪网发展成为当时全球最大的中文门户网站。2000年4月，新浪网成为首家成功在美国纳斯达克证券交易所上市的中国网络公司。然而，好景不长，王志东在新浪的命运意外折戟沉沙。

2001年6月1日，新浪网董事会突然宣布免除王志东在新浪网的一切职务。这不仅令事前没有得到任何通知的王志东感到意外，连外界也感到诧异。

2001年6月4日，新浪网对外宣布王志东辞职。

2001年6月25日，王志东召开媒体会，否认自己辞职，并质疑新浪网董事会决定的合法性。

为什么王志东在新浪网的命运会出现如此戏剧性的一幕呢？

首要原因在于王志东与董事会在企业发展方向上出现了重大分歧，到了不可调和的地步。王志东坚持认为门户网站的最佳发展出路是广告，但当年新浪网广告收入出现增长缓慢的情况，并且他坚决反对中华网与新浪网的合并计划。另一个原因是王志东的股份从最初的20%稀释到了6%，在公司已经失去了话语权。如果不是股权过度稀释，即使王志东与董事会产生分歧，也不至于在毫无准备的情况下，连商讨的机会都没有就直接被董事会一脚踢出局。

资本的本质是逐利，而且是追求短期的快速获利，通常不注重企业的长远发展。全球闻名的老牌欧洲私募股权公司CVC在中国收购大娘水饺和俏江南两家企业的案例将资本逐利的本质显露无遗。

1996年5月，吴国强在江苏常州创建了大娘水饺，主要经营水饺和牛杂汤。到2013年，经过近17年的发展，大娘水饺从创业时的一家地方小餐馆扩展到了19个省，门店数量已有450家，年营业收入达到了15亿元，成了中式餐饮行业中的知名企业。然而，吴国强并不满足当前所取得的成就，希望能够更上一层楼，所以就引入欧洲资本CVC，希望借助CVC的资金、专业管理团队等资源让大娘水饺锦上添花，创造更辉煌的业绩。但吴国强万万没想到这一决定却是"引狼入室"，大娘水饺的命运也从此走向了转折点。2013年12月大娘水饺被CVC收购后，吴国强只有10%的股份，这等于失去了控股权。CVC掌控大娘水饺后，实施了一系列改革措施，先后换了两任CEO，管理上将原来的中央集权模式改变为 6 大片 32 个区域，降低饺子的原材料成本 10%，提高售价，以增加利润，将原来的 100 多个品类减少至 40 多个，空降高薪人员，压低一线工人工资等。这一系列的"神操作"给 CVC 和吴国强带来了不同的意外，2014 年大娘水饺就出现了关店潮，销售收入也只有 2013 年的 80%。吴国强不仅没有实现将大娘水饺发展壮大的愿望，更讽刺的是，2015 年的"大娘水饺年会"，他作为企业创始人居然没有收到邀请函，自己到了会场还被保安拦阻不让进。

大娘水饺被 CVC 折腾了两年多后，最终在 2017 年被 CVC 抛售给国内的格美集团，CVC 套现后迅速离场。

资本逐利的脚步是不会停止的，大娘水饺只不过是 CVC 餐桌上的其中"一道菜"而已，而高端中餐餐饮品牌俏江南是 CVC 的"另一道菜"。

2008 年，俏江南创始人张兰为了缓解资金压力，引入鼎晖资本，对方出资 2 亿元获得了俏江南 10.53% 的股份，但协议中有"对赌"条款，俏江南如果在 4 年内不能上市，鼎晖资本就有权把 10.53% 的股份连本带利 4 亿元卖还给俏江南。这个条款为日后俏江南的易主埋下导火线。

在这期间，张兰想尽一切办法分别在中国内地和香港寻找俏江南的上市途径，甚至更改了自己的国籍也无济于事。在期限到后又无力回购鼎晖资本的股份，2014 年，张兰无奈之下将 82.7% 的股权以 3 亿美元的低价出售给了 CVC，张兰的持股比例变更为 13.8%，员工持股则只有 3.5%。张兰自此失去了企业的控制权。但 CVC 实际上自己只出了 6000 万美元，其余的款项是借助银行借款及私募所得。

由于 CVC 委任的新管理层经营管理不善，导致俏江南的业绩大幅下滑。CVC 在未征得张兰同意的情况下擅自将俏江南的股权质押给银行来贷款，后来因为没有履行银行的贷款协议，2015 年 6 月 23 日，俏江南就被银行委派香港保华公司接管了，同时自 7 月开始，CVC 的委派代表和张兰都不再担任俏江南董事会成员。CVC 和张兰最终都被完全踢出局了。但 CVC 和张兰的恩怨并未因此而结束。2019 年，CVC 对张兰发起了仲裁并胜诉，张兰需要向 CVC 支付 1.42 亿美元和利息。这导致张兰设立的两个家族信托被债权人接管，家族信托被击穿，风险隔离失败。最终的结果是张兰不仅失去了俏江南，还要赔钱。这就是引进资本的血淋淋的教训。

除了以上案例外，创建于1984年的中国玻璃和太阳能行业最具竞争力和影响力的南玻集团，其创始人曾南为企业奋斗了30年，但由于持股比例过低（只有0.2%），71岁时被资本方无情踢出局。1998年创立了雷士照明公司的吴长江的命运更具戏剧性，与资本共舞过程中先后三次出局，最后的结局不仅是整个创业团队被扫地出门，吴长江自己还被追究刑事责任。这在改革开放后的中国企业史上算得上是一个奇葩案例！

许多企业创始人是白手起家，经过艰辛的创业路程，呕心沥血才将企业做大，却因引入资本，未能控制好风险，结果引狼入室，失去了企业的控制权，甚至被完全踢出局，与苦心经营的企业以悲剧结束了关系。因此，创始人在专注企业发展壮大的同时也需要掌握对企业的控制权，防止股权过度稀释，最后死在资本手上！

2. **对企业发展战略的控制**

企业发展战略决定了企业的发展方向，影响企业的发展结果。无论企业的规模大还是小，企业都离不开发展战略，只不过大企业会比小企业更注重发展战略，在战略规划方面会更成熟与规范，但这并不代表大企业的发展战略就一定完美无瑕，就能够控制好，保持常胜将军的风范。这从曾经在中国市场上一度无限风光的生活电器、汽车、手机等外资产品便可见一斑，例如日本品牌的手机、电冰箱、电视机、空调、摩托车、汽车等，德国的电冰箱、汽车，法国的汽车，美国的汽车、摩托罗拉手机，韩国的汽车、三星手机，瑞典的爱立信手机，芬兰的诺基亚手机等。十年河东十年河西，随着中国制造业的崛起，如今这些产品有的已难觅踪影，有的苟延残喘或日薄西山。这些产品许多出自大型跨国企业，他们对发展战略的规划与管理具有一定的能力，这些企业的产品在中国市场也曾经一度辉煌，但后来也没落了，可见对企业发展战略的控制非常难。

韩国的三星手机2013年在中国市场的占有率接近20%，处于顶峰状态，之后就一路下滑，到2018年已经跌至1%。由于三星的智能手机在中国的销量严重下滑，2019 年，三星被迫宣布关闭最后一家在中国的手机工厂——惠州三星电子有限公司，就此退出了中国市场。三星手机曾经以其卓越的设计和性能赢得了客户的青睐，特别是 Galaxy 系列手机获得了全球最佳手机大奖，当时被誉为"市场上最好的安卓智能手机"，这也奠定了三星在高端手机市场的领先地位。"爆炸门"事件是直接导致三星手机在中国市场暴跌的导火索。2016 年 8 月 2 日，三星开始发售 Galaxy note 7，但在售出后不到一周，该手机在韩国、中国、美国、欧洲等多个国家或地区均接连发生了爆炸事故，电池存在安全隐患，以至多家航空公司一度将这款手机列入禁止登机的危险品名单中。航空公司的这个禁令对三星的打击是致命的。但更致命的是三星公司在处理这个危机时对中国市场和其他海外市场采取了截然不同的"双标"措施。随着事件的不断发酵，三星公司不得不承认 Galaxy note 7 存在质量缺陷，宣布召回手机，但唯独在中国市场销售的产品不在召回名单中。三星公司的这种歧视性做法立即遭到中国消费者的强烈反对，原国家质量监督检验检疫总局也约谈了三星。最后三星被迫同意召回中国市场的部分产品，但三星的这种"双标"行为无疑是自掘坟墓，已经给自己造成了巨大的负面影响。这种影响呈现出来的后果是三星手机 2017 年第一季度中国出货量大幅下滑了 60%，市场占有率仅剩下 3.3%。

三星手机是在中国市场没落最晚的一个外资品牌，摩托罗拉手机是比较早没落的品牌之一。

在中国手机市场的发展史上，摩托罗拉称得上是开山鼻祖。1987 年我国出现的第一台手机"大哥大"，正是摩托罗拉公司生产的产品，型号为 3200。那个年代是通信的 1G 时代，当时一台"大哥大"的价格上万元，而企业一般员工的月工资约 100 元，甚至有的企业还不到这个水平。那个时期的中国手机市场无疑是摩托罗拉的天下。1992 年，摩托罗拉在天津建立了生产手机的工厂。当进入通信的 2G 时代后，摩托罗拉已经失去了独领风骚的地位。1994 年，诺基亚推出了中国的第一台 2G 手机，摩托罗拉、诺基亚和爱立信成为中国手机界的三巨头。由于摩托罗拉的业务范围广，没有致力于发展移动通信业务，手机业务逐渐失去了竞争力。加速摩托罗拉手机衰落的主要原因是在战略掌控方面的失误，即"铱星计划"。这个计划是摩托罗拉为了保持竞争优势而对未来移动通信行业发展的规划，目标是通过发射卫星，实现卫星移动通信。摩托罗拉公司投入了几十亿美元，耗费了大量的人力物力后，在 1998 年 11 月 1 日铱星系统投入使用时却发现已经不符合市场的需求了。这造成了摩托罗拉的巨额亏损，导致摩托罗拉由盛转衰的趋势无法扭转。

2011 年 8 月，谷歌以 125 亿美元收购了摩托罗拉移动业务。2012 年 12 月 11 日，摩托罗拉将天津的摩托罗拉全球最大手机工厂出售给了新加坡的伟创力公司，这意味着摩托罗拉今后将不再从事手机制造。2014 年，谷歌又将摩托罗拉移动以 29 亿美元卖给了联想。仅 3 年时间，摩托罗拉移动的售价从 125 亿美元暴跌至 29 亿美元，着实令人惊讶与惋惜。这足以说明摩托罗拉移动已经失去了市场竞争力，往日的手机巨头已变得黯然无光了。岁月如梭，当今中国的手机市场上基本以华为、荣耀、小米、ViVo、OPPO 为主流，外资品牌以苹果为主，而三星、诺基亚和摩托罗拉早已难觅踪影了。

2014 年收购摩托罗拉的联想自身发展也非一帆风顺，发展战略方面也出现过危机，主营业务除了个人电脑以外，互联网和手机业务至今也没有取得较大的突破性发展。

1984 年 11 月，中国科学院计算技术研究所（以下简称计算所）决定创办全民所有制的中国科学院计算技术研究所新技术发展公司，柳传志与计算所其他十名研究人员一起创业。在创业之初，联想的主要业务是代理销售 IBM、惠普、SUN 等国外品牌，后来发展自有品牌的个人电脑业务。公司总工程师倪光南将自己发明的汉字处理技术产品化，研制成可将英文操作系统翻译成中文的联想式汉卡。1989 年 11 月 14 日，公司改名为联想集团公司，倪光南担任公司董事兼总工程师，主持开发了联想系列个人电脑，确立了公司的主营业务。到 1997 年，联想成为中国个人电脑业务市场冠军。由于在企业发展方向上产生分歧，倪光南在 1999 年离开了联想。2004 年，柳传志辞去联想集团董事长职务。2005 年，杨元庆接任联想集团董事长、总裁兼 CEO。

联想在外资品牌的竞争压力下，开始寻求多元化发展，寻找新的利润增长点，先后涉足门户网站、教育、移动通信、IT 服务等多个业务领域。2000 年

4月，联想FM365门户网站建立，2001年11月宣布撤销；2000年8月，收购"赢时通"网站40%的股份，作价3537万美元，然而2001年就亏损超过2亿港元；2000年11月，建立北大附中远程教育网站和新东方教育在线，结果2003年宣布撤退；2002年，开始进军手机市场，同年以1.4亿港元收购汉普咨询、智软计算机和中望系统等公司的股份。但联想这些新开拓的业务并没有实现既定目标，发展并不理想，而且在发展这些业务时需要投入人、财、物等大量的资源，由于资源分散，反而影响了联想主营业务个人电脑业务的发展，导致业绩下滑。

联想的多元化发展战略遭遇滑铁卢，在国际化并购道路上也受挫。

2003年，联想宣布更换其已经沿用15年的"Legend"标识，并将在全球注册使用新标识"Lenovo"，开启了国际化道路。2004年12月，联想用12.5亿美元并购IBM个人电脑事业部，一跃成为世界级个人电脑厂商；2011年1月，联想与日本NEC成立合资公司，开拓日本市场；2011年6月，联想以2.31亿欧元收购德国Medion 51%的股份，成为德国市场第三大厂商；2012年，联想和美国EMC组建合资公司；2012年9月，联想收购巴西电子生产商CCE；2014年1月，联想以29.1亿美元收购了摩托罗拉移动。但这些并购业务并没有给联想的业绩带来实质性的突破，由于投入资金收购，反而降低了集团的利润。

联想的多元化发展和国际化并购未达到预期目标，业绩下滑，一度出现亏损。香港恒生指数被认为是企业发展状况的晴雨表。2006年9月11日，联想集团被踢出香港恒生指数。2013年3月，联想集团再次加入恒生指数。但由于再度出现业绩不佳的状况，2018年6月4日，联想集团再次被踢出恒生指数，直到2022年3月7日又重新被纳入恒生指数。至今联想已三进两出香港恒生指数，可谓命运多舛。

由于联想在发展战略上的失误，加上全球经济衰退和国际化并购的巨额投资影响，2008年，联想亏损了2.26亿美元，成为公司有史以来最严重的一次亏损。2009年2月，柳传志被迫重新回来"救火"，担任联想董事长，直到2011年11月才再度卸任。

联想从 20 世纪 90 年代的辉煌到逐渐走下坡路不是偶然，而是联想在发展过程中出现战略错误导致的结果。在多元化发展方面，2001 年，时任联想集团总裁兼 CEO 杨元庆启动多元化战略，发展与计算机相关的互联网、IT 业务和手机业务，但这些业务 3 年后并没有实现当初的目标，结局基本上是铩羽而归，因为资源分散还拖累了主营业务个人电脑的发展。2003 年，联想在多元化战略不如意的情况下进行了重大战略调整，以寻求新的业务增长点，开启个人电脑业务国际化战略，但国际化道路同样崎岖曲折，困难重重，充满挑战。

3. 企业内部管理的控制

企业家虽然参与企业的日常管理，但并不代表企业家能完全清楚地掌握公司所制定的计划的具体实施情况、相关真实数据，以及企业运营每一个环节的实际情况。如果结果显示企业目标没有 100% 实现，出现业务员或管理人员吃回扣、滥用职权谋取私利的现象，这就证明员工并没有严格执行公司的规章制度。我们从企业反腐方面看企业家对企业的控制能力。

2011 年 2 月 21 日，阿里巴巴 B2B 公司宣布，为坚守公司"客户第一"的价值观及诚信原则，公司 CEO 卫哲、COO 李旭晖因此引咎辞职，由淘宝网原 CEO 陆兆禧接任。这一轰动事件的起因是供应商涉嫌诈骗，员工参与其中。阿里巴巴公司发现从 2009 年年底开始，平台客户的欺诈投诉有上升趋势。于是 B2B 公司董事会委托专门的调查小组，对上述事件进行了独立调查。调查结果显示，2009 年、2010 年两年间分别有 1219 家（占比 1.1%）和 1107 家（占比 0.8%）"中国供应商"客户涉嫌欺诈。在调查过程中，有证据表明 B2B 公司直销团队中的一些员工，为了追求高业绩、高收入，因故意或者疏忽而导致一些涉嫌欺诈的公司加入阿里巴巴平台。涉嫌欺诈的账户已经被全部关闭，并已提交司法机关进行调查。同时，公司也严肃处理了近百名负有直接责任的销售人员。从事件发生到公司察觉已有两年，证明马云或卫哲是事后才发现的，同时也证明他们对公司当时的运营情况没有做到了如指掌，这也从侧面反映了他们对公司的实际控制程度。

华为对反腐具有明确的立场和措施。华为认为商业腐败行为会影响市场公平竞争，对社会、经济以及企业自身的发展都有着十分恶劣的影响。因此，华为倡导坚持诚信经营，恪守商业道德，遵守业务所在地及所有适用的法律法规，对腐败行为持"零容忍"态度。华为要求每一位员工遵守商业行为准则，每位员工以及与华为进行商业行为的实体和个人都应遵守和维护华为在反贿赂和反腐败方面的政策，不得以任何直接或间接的方式向公职人员或其他实体和个人行贿以获取商业机会。华为对供应商和合作伙伴也有合规管理，在与合作伙伴展开业务合作时，华为通过协议条款及相应的监控程序要求合作伙伴也遵从华为的反腐败政策并对其行为进行约束，将商业道德要求纳入供应商合同，并要求供应商学习和签署反贿赂诚信廉洁协议。华为针对反腐出具了相关政策措施。华为官网专门设有"关于反腐声明""华为公司反腐败政策""华为公司合作伙伴反腐败政策""反商业贿赂"四项，每项政策都有具体规定，比如"华为公司反腐败政策"在礼品与款待、慈善与捐赠、第三方管理、账簿与记录、咨询与举报五个方面都有明确的规定。商务稽查部是华为反商业贿赂的专职部门，负责全面构建反商业贿赂的合规体系框架，指导各业务领域及子公司开展反商业贿赂合规管理并检查，确保公司对反商业贿赂合规风险的有效管控。从 2005 年开始，华为通过《EMT 自律宣言》，要求所有干部杜绝内部腐败。2013 年 1 月，华为召开董事会自律宣言宣誓大会。

尽管华为在反腐败方面下了这么多功夫，但还是有人铤而走险。2014 年 9 月，华为在第一次经销商反腐大会上，与经销商共同商讨反腐建设，并通告了截至当年 8 月 16 日华为的反腐情况。经查证，有 116 名员工涉嫌违反公司反腐制度，涉及 69 家经销商，有 83 名华为员工内部坦白，29 名主动申报，其中问题严重的 4 名员工则被移交司法机关处理。华为这次反腐追回资金 3.7 亿元。华为董事会决定将涉案的 3.7 亿元资金以奖金形式奖励给那些遵纪守法的员工，在 11 月随工资一起发放。

万达集团的反腐行动也从未停止。2019 年 9 月 2 日，万达集团官网发布信息，2019 年 8 月 30 日下午，万达集团召开全集团廉洁自律警示教育大会。万达集团董事长王健林表示，万达集团坚决打击腐败行为，严惩违法人员，通过加强制度建设、采用信息技术手段堵塞漏洞防治腐败，要求全体员工坚守廉洁底线。会议宣布原万达商业管理集团总裁助理兼华南运营中心总经理王焱斌、原武汉区域招商营运副总经理密丽娜、原黄冈万达广场总经理付斌、原孝感万达广场招商营运副总经理张新亮严重违反集团制度，向商户、供方及员工索贿，金额巨大，已涉嫌犯罪。为严肃纪律，整治风气，打击腐败行为，经集团董事长办公室研究同意，对王焱斌、密丽娜、付斌、张新亮四人均予以解除劳动关系，录入集团除名查询系统，并移交司法机关处理。会后，王健林董事长还与所有参会的万达集团总裁助理及以上人员进行廉洁自律集体谈话。

反腐败永无止境，2023年8月，万达集团高级副总裁刘海波因涉嫌企业贪腐被公安机关带走审查。在利益驱动下，管理人员利用权力中饱私囊，损公肥私，违法犯罪。这些行为在企业屡禁不止，可见反腐败已经成为企业的一项常态性工作。

腾讯通过制定"腾讯高压线"等反舞弊制度和建立完善的风险管理体系，来预防、发现和打击商业贿赂、职务侵占等一切舞弊行为。2023年1月16日，腾讯反舞弊调查部微信公众号"阳光腾讯"发布了2022年涉嫌受贿或职务侵占等违纪、违法犯罪的案件，共发现并查处触犯"腾讯高压线"案件70余起，100余人被辞退，10余人因涉嫌犯罪被移送公安机关处理。根据2024年2月2日的"阳光腾讯"反腐通报，2023年全年，腾讯反舞弊调查部共发现并查处触犯"腾讯高压线"案件70余起，120余人因触犯"腾讯高压线"被解聘，近20人因涉嫌犯罪被移送公安机关处理。

美团倡导开展廉洁高效合作，坚持"零容忍"的反腐态度。2023年1月13日，美团通报了2022年的反腐情况：2022年美团共查处刑事案件41起，移送司法机关107人，其中内部员工47人，生态合作商等外部人员60人，因廉洁合作问题清退且永不合作的合作商41家。

事实上，企业家很难对企业的每一个环节都做到及时、准确、全面的完全控制，从阿里巴巴、华为、腾讯、美团、万达等企业的反腐情况就可见一斑了。各行各业的中小企业中同样存在反腐现象。国家对国有企业的反腐也从来没有停止过，有关国有企业的反腐案件也常见于新闻媒体。换而言之，如果出现上述情况而企业家却后知后觉，就等于企业家没有很好地控制公司。可见，企业家对企业的控制能力及程度不仅决定了企业的业绩，而且决定了企业的命运。

二、智商（IQ）

智商（IQ）是人们认识客观事物并运用知识解决实际问题的能力，主要表现为人在理性方面的能力，包括观察能力、记忆力、想象力、创造力、分析判断能力、认知能力、语言能力、计算能力、思维能力、应变能力和推理能力等。智商反映出人作为自然人的生存能力。智商的作用主要在于更好地认识事物。企业家的智商主要表现在战略眼光、决策能力、创新能力、应变能力、悟性和学习能力方面。

（一）战略眼光

战略眼光是指企业家对企业未来发展的高瞻远瞩的眼光和明确的战略规划。战略确定企业的目标和愿景，明确企业的发展方向。企业家要基于对企业外部环境未来发展趋势的预测，敏感地根据市场的变化对企业未来的发展未雨绸缪。"不谋万世者，不足谋一时；不谋全局者，不足谋一域"。战略对企业的重要性不言而喻。只顾眼前利益，急功近利，不着眼于企业长远利益，"头痛医头，脚痛医脚"，缺乏系统思维是不利于企业的长远发展的。能高瞻远瞩、未雨绸缪的企业家是先知先觉的，但毕竟只有少数人能达到如此境界，更多的企业家是后知后觉，甚至不知不觉的。那些过度鼓吹企业要"做大做强"的思想也并不适合所有企业，甚至会使一些企业误入歧途。强大并不是企业唯一的生存法则，大企业也并不一定就比小企业生存得长久。有许多百年老店都是小公司，却延续了几代人。对企业来说，是昙花一现更重要还是长久生存更重要？显然，企业家应该量力而行，找到适合自己企业发展的道路才是正道。正确的战略能使企业走向成功，错误的战略会使企业遭遇挫折，甚至会将企业带向万劫不复的深渊。战略对企业的重要性，也决定了企业制定战略是充满挑战的。企业家是把握企业发展方向的人，如果他整天忙于处理当前要解决的问题，陷入日常事务之中而不能自拔，就会无暇顾及日新月异的环境变化和行业发展趋势，难以静心思考企业的现状与未来。在这种情况下，老板累，企业也不会有清晰的发展规划。企业家应该分析企业的优势和劣势，以及存在的机遇与挑战，然后制定企业的长期目标和实现目标的规划。战略不仅受内部环境因素的影响，同时也受外部条件的制约，如政府的政策措施等。因此，企业家也要及时根据外部环境的变化来调整原来已制定的战略规划。近年来，随着国家开始加大对环境污染的治理力度，政府倡导淘汰落后产业，发展新兴的节能环保产业。那些污染严重和环保措施不达标的企业自然首当其冲。因此，这些企业的掌舵人应该根据政府的政策，及时调整并重新规划企业发展战略。我们通过案例分析战略对企业发展的意义。

海尔自1984年成立至今，在不同的发展阶段采取不同的发展战略，正是因为海尔采取了持续性的发展战略，才取得了今天耀眼夺目的成就。第一阶段采取名牌战略（1984—1991年）。这一阶段从张瑞敏1984年到青岛电冰箱总厂任厂长开始，以"高质量产品是高素质的人干出来的"为主旨。张瑞敏希望通过提高员工的素质来提升产品质量，进而建立企业的品牌美誉度，通过为顾客提供高质量的产品来获得市场竞争力，以改变企业员工原先固有的单靠引进国外先进的设备和技术就能提高产品质量的思想。为了打破员工落后的质量意识的局限，这一阶段就有了张瑞敏挥锤砸冰箱的典故。张瑞敏砸出的成果是，1988年，在全国冰箱评比中，海尔冰箱获得了中国电冰箱史上第一枚质量金牌；1990年，海尔获得国家质量管理奖"金马奖"；1991年，海尔被评为全国十大驰名商标。第二阶段采取多元化战略（1991—1998年）。在这个阶段，海尔开启企业兼并和工业园建设之路。海尔坚持盘活资产先盘活人的理念，通过海尔文化激活"休克鱼"法兼并18家企业，盘活了15亿元资产。海尔兼并了涉及洗衣机、电视机、空调等领域的多家企业，快速实现了多元化发展。海尔在青岛东部高科技开发区创建了面积达800亩的海尔工业园，成为全国第一个家电工业园。第三阶段采取国际化战略（1998—2005年）。在这一阶段，张瑞敏抓住中国加入WTO的机遇积极开拓国际化道路，以出口创牌倒逼人才国际化为指导思想。海尔的国际化战略探索成果是在美国南卡建厂和购并意大利一家冰箱厂。这一时期海尔建立了制造工厂 18 个，营销中心 17 家，研发中心 9 家，形成研发、制造、营销"三位一体"的战略布局。第四阶段采取全球化品牌战略（2005—2012 年）。在这一阶段，海尔以"世界是我的人力资源部"为理念开展全球化业务。海尔收购了三洋白电和新西兰国宝级品牌斐雪派克。同时，海尔和"人单合一"双赢模式已经成为世界多家商学院研究的对象。这有助于进一步提升海尔在全球的品牌影响力。第五阶段采取网络化战略（2012—2019 年）。这个阶段以"从出产品的企业到出创客的平台"为指导思想。随着互联网的发展，传统的企业管理模式和商业模式也受到了挑战。所以张瑞敏提出了利用互联网的优势帮助企业去中间化、去中介化，改变传统生产模式，打破科层制的组织管理模式，实行企业转型，顺势而为，顺应时代变化而发展。第六阶段采取生态品牌战略（2019 年至今）。这一阶段海尔坚持以"创客生增值，增值创客生"为理念，目标是全面向着物联网生态的方向迈进，继续深化推广"人单合一"模式。

成立于 1984 年的万科集团，于 1988 年进入房地产行业，经过 30 余年的发展，成为中国最大的专业住宅开发企业。2016 年万科首次跻身《财富》世界 500 强排行榜，位列第 356 名；2017 年再度上榜，位列第 307 名。万科的辉煌业绩与王石坚持业务从多元化走向以住宅地产为主，再从专业化走向精细化的战略是分不开的。万科自成立开始，业务逐步发展到多元化模式，涉及自动化办公设备及专业影视器材、医疗诊疗设备等进口业务、展会服务、手表项目、印刷厂、首饰制造、房地产、商业连锁零售、电影制片及激光影碟生产等，在 1990 年形成了商贸、工业、房地产和文化传播四大支柱产业。1991 年，公司的业务调整为十大行业：进出口贸易、零售连锁商业、房地产开发、金融证券投资、文化影视制作、广告设计发布、饮料生产与销售、印刷与制版、机械加工和电气工程。万科在这种高速发展的模式下出现了资金短缺问题，公司的发展遭遇困境。为了扭转局面，万科需要重新考虑企业的战略定位。企业发展战略上的决策本身就是一个取舍的过程。1993 年 1 月，王石明确以加速资本积累、形成经营规模效应作为未来的发展方向，决定集中资源聚焦于房地产业务的发展，从而放弃多元化经营模式，走专业化之路。这一减法模式的决策，使万科未来的发展战略目标更清晰了。于是，万科开始逐步将供电厂、印刷厂、怡宝蒸馏水和万佳百货等与房地产毫无关联的业务全部卖掉。2001年转让万佳百货后，万科完成了从多元化向专业化的转变，这一转变大约用了9年时间。万科从2000年开始向精细化实施战略转型，目标就是专一地在住宅领域做到更专业、更优秀、更卓越。2010年，万科销售总额达到1081.6亿元，相当于美国四大住宅公司高峰时的销售总额，不仅率先成为中国第一个销售额超过千亿元的房地产公司，而且是当时全球销售规模最大的房地产公司。这是万科专业化战略成功的一个佐证。王石相信简单的力量，认为万科越做越简单，但并没有越做越小，反而成为房地产行业的"老大"。他对于多元化发展持强硬的反对态度，王石曾说："万科一定要坚持走专业化的道路，如果想要多元化，我从棺材里也要伸出只手来干扰你们。"然而，企业制定的战略不是一成不变的，而是要根据企业的发展需要和环境变化做相应的调整。万科之前一直强调以住宅开发为主的发展战略，但在2010年，万科调整了战略，正式进入商业地产。虽然万科调整了战略，但始终没有离开房地产行业，只不过是业务延伸了，坚持以住宅开发和物业服务作为公司的核心业务。近年来，万科的战略再次做了进一步调整，业务拓展到物流仓储、冰雪度假、集中式长租公寓、养老、教育以及"轨道+物业"等领域。

万向集团在1969年成立后的第一个十年中，生产过犁刀、铁耙、轴承、万向节等多种产品，属于多元化发展。1979年，每天都关注时事新闻的鲁冠球看到《人民日报》的一篇社论《国民经济要发展，交通运输是关键》，凭着敏锐的商业洞察力，他预测汽车行业的发展将会迎来春天，便当机立断决定专攻万向节生产，将其他五花八门的产品砍掉，于是把原来挂在厂门口的其他门牌都撤下，只保留了"萧山宁围公社万向节厂"。万向节是汽车传动轴和驱动轴的连接器。1980年，万向集团开始了汽车零配件万向节的专业化生产。正是鲁冠球这一具有预见性和充满魄力的战略性决定，使得万向成为第一家产品进入美国通用汽车公司配套生产的中国汽车零部件生产商。这标志着万向集团在第二个十年正式转向专业化发展道路。20世纪90年代，也是万向集团发展的第三个十年，万向集团开启了与汽车万向节相关的产品多元化发展战略，产品线逐步丰富起来，从汽车万向节产品扩展到轿车等速驱动轴、汽车传动轴、轴承、滚动体、密封件、轿车减震器、制动器等系列化汽车零部件产品，产品从零件到部件再到系统，实行专业化生产，以汽车零部件为主导产业。经过几十年的发展之后，万向集团成了当今以汽车零部件制造和销售为主的业界巨头，是国家520家重点企业中唯一的汽车零部件企业。踏入2000年，万向集团开启了第四个十年，在夯实中国汽车零部件行业龙头地位的基础上，万向集团在金融、服务、现代农业等领域的发展取得了突破性的增长，发展成为营业收入超千亿元、利润过百亿元的现代化跨国企业集团。2009年，是万向集团创业40周年，也进入了企业发展的第五个十年，万向开启清洁能源产业的发展之路。仍坚持"实业"与"金融"结合的策略，以清洁能源产业为核心，目前万向正在投资建设"万向创新聚能城"，打造开放、共享的创新创业平台，以实现产、城、人融合。万向集团经过54年的发展，已成为全球化的企业集团，现已拥有汽车零部件、清洁能源产业、"三农"产业三大业务模块。

张瑞敏领导的海尔则选择了从专业化向多元化发展的战略路径，从1991年到1998年实施多元化战略，通过兼并、收购、合作等方式从原来单一的电冰箱产品发展到洗衣机、电视机、空调等家电产品，截至2023年10月，海尔连续14年稳居全球大型家电品牌零售量第一位。

福耀玻璃集团目前已形成了全产业链协同发展模式，从一粒砂到浮法玻璃，到汽车玻璃深加工，再到外饰件及玻璃总成，为宾利、奔驰、宝马、奥迪、通用、丰田、大众、福特、克莱斯勒等品牌，以及中国各汽车厂商提供全球OEM配套服务和汽车玻璃全套解决方案，全球市场占有率超30%，中国市场占有率超65%。福耀玻璃能够成为行业的翘楚，首先得益于中国的改革开放政策带来的有利于营商的大环境，其次主要源于创始人曹德旺对市场的敏捷反应和高度的家国情怀。曹德旺发现当时中国汽车玻璃市场基本被外资品牌占领，产品几乎全部从国外进口，严重限制了中国汽车工业的发展。因此，曹德旺矢志为中国人做一片属于自己的高质量玻璃。福耀玻璃集团经过30多年专业专注、深耕与沉淀的发展，现已成为全球最具规模的汽车玻璃专业供应商之一。

比亚迪在2023年成为中国汽车市场和全球新能源汽车市场的销售双冠军，

这离不开比亚迪在电池业务方面打下的坚实基础。王传福当年敏锐地意识到随着手机的普及，人们对充电电池的需求必然会与日俱增，这意味着充电电池蕴藏着巨大的商机。王传福基于自己拥有的电池方面的专业知识、技术和工作经验，在1995年2月与他的表哥吕向阳一起创立了比亚迪。创业之初，公司以生产二次充电电池为主，到1997年开始发展锂离子电池。2000年，比亚迪成为摩托罗拉第一个中国锂离子电池供应商；2002年，比亚迪又成为诺基亚第一个中国锂离子电池供应商。目前，比亚迪已成为日本三洋之后的全球第二大电池供应商，占据了全球市场约15%的份额。王传福凭借电池业务发展积累了"第一桶金"后，又以电池作为新能源汽车的核心组成部分为基础，在2003年开始进军汽车行业。因此，电池业务是比亚迪如今能够发展壮大的基石。

万科和万向两家公司的战略发展路径都是先从多元化到专业化，再以原来的主业为基础回归到多元化的发展。华为是一直坚持专业化发展而取得成功的杰出代表，从1987年创立至今，始终围绕信息与通信基础设施和智能终端领域发展。即使华为在2023年9月12日的产品发布会上正式宣布进军汽车制造领域，也是在原有的信息与通信技术，以及智能终端技术的基础上进行技术的扩展应用发展，比如华为在自动驾驶技术方面的ADS2.0系统，以及能够实现车、平板和手机之间互通的鸿蒙生态系统。

其实，无论是选择专业化发展战略还是选择多元化发展战略，都不能简单地说对或错，成功或失败。最重要的是根据企业的实际情况灵活地决定选择哪一种战略更适合自身的发展，即使是同一企业，在不同的发展阶段也会有不同的战略选择。

一直在电视行业发展的创维也在发展战略上做了调整，探索未来新的业务增长点。2010年4月，黄宏生和夫人抛售了创维1亿股股份，套现约9亿港元，并拿这笔钱成立了创源天地投资公司。2010年8月，创源天地投资公司成立了子公司——南京创源天地汽车有限公司。2011年1月，创源天地汽车有限公司与金龙联合汽车工业有限公司、东宇汽车集团有限公司共同出资，组建南京金龙客车制造有限公司，进军新能源汽车行业，黄宏生控股60%，出任公司董事长。

2018年2月5日，阿里巴巴集团、文投控股股份有限公司（以下简称文投控股）与万达集团在北京签订战略投资协议，阿里巴巴、文投控股以每股51.96元收购万达集团持有的万达电影12.77%的股份，其中阿里巴巴出资46.8亿元、文投控股出资31.2亿元，分别成为万达电影的第二、第三大股东，万达集团仍为万达电影控股股东，持有48.09%的股份。两家战略投资者将利用自身优势与万达电影开展全面战略合作。阿里巴巴将利用大数据及内容网络平台支持万达电影发展；文投控股将与万达电影在院线加盟、影院广告等业务方面开展全面合作。三家企业承诺所持万达电影的股票至少要锁定两年。万达集团表示，转让万达电影的股份主要是为了给万达电影引进具有战略价值的股东，并非单纯回笼资金，相信两家战略投资者与万达电影之间的互补效应会对万达电影带来长期利好。

企业外部不确定性因素增加，企业的发展战略会面临更大的挑战。当外部环境发生变化时，企业必须结合自身情况及时对发展战略做出调整。2021年，国家颁布了"双减"政策来减轻学生的学业压力。消息一出，新东方在美股与港股市场的股价大跌。如何带领新东方尽快走出困境是俞敏洪亟须解决的问题。俞敏洪在困境面前并没有退缩或选择逃避，而是积极面对，及时调整发展战略，带领新东方走出困境。首先调整了教育培训业务的发展方向；其次开拓东方甄选电商业务。后来的事实证明新东方的这次战略调整是成功的，实现了企业重生。2023年7月26日，新东方公布的财报显示，截至2023年5月31日，新东方期末总营收为29.98亿美元，比2022年同期的31.05亿美元减少了3.45%；归母净利润为1.77亿美元，增长了114.90%，实现了扭亏为盈，上一财年利润为负。俞敏洪认为从危机中寻找机会，是一个企业家应该具备的能力。新东方提出的"从绝望中寻找希望，人生终将辉煌"正是这种思想的体现，同时也是俞敏洪对自己人生的一种总结。

（二）决策能力

决策能力是指企业家在企业经营管理过程中对事务做出果断决定的能力。决策能力是企业家的知识结构、经验、心理素质、思维方式、判断能力和创新精神等在决策方面的综合体现。企业家的决策能力应该具有准确性、及时性和灵活性等特征。决策本身就有风险,决策的准确程度取决于企业家的综合素质水平。如果企业家在大事上决策失误,会使企业错失发展机会或造成重大损失,甚至令企业走向衰落或灭亡,如曾在影像界创造了一系列辉煌的"黄色胶片巨人"伊士曼柯达公司(以下简称柯达)因发展战略上的决策失误而走向衰落。柯达原是世界上最大的影像产品及相关服务的生产商和供应商,在1976年就已经研发出了数字相机技术,并将数字影像技术用于航天领域,1991年柯达就已经有了130万像素的数字相机。但由于柯达长期过度依赖于相对落后的传统胶片业务,担心数字科技给传统影像业务带来冲击,所以柯达虽然研发出了数字相机技术,但一直没有作为新兴业务在市场上积极推广。正是由于柯达领导者在传统胶片业务与数字相机技术业务的取舍上犹豫不决且最终选择了胶片业务,导致柯达错失了发展良机,未能及时转型,而富士、索尼、惠普、佳能等竞争对手却大力拓展这一业务,在市场上抢占了先机。在数码技术崛起的时代柯达被抛弃了,拥有130年历史的柯达公司最终被迫于2012年1月19日申请破产保护。这不仅标志着柯达的没落,同时也标志着胶片时代的落幕。

决策的准确性建立在对事物的分析判断能力和准确的预测能力,以及在危机或紧要关头当机立断的决断能力上。决策的及时性是指企业家在做决策时,条件往往是不完全具备的,决策本身就带有风险性,如果要等到对事情有了百分之百的把握才去决策,就会错失良机。因此,企业家在决策时不能抱有完美主义心态,一味追求十全十美,不想有任何失误,那只会作茧自缚,自欺欺人。企业家应把握大局,权衡利弊得失后当机立断。

我们可以通过砸冰箱事件和"人单合一"模式来了解张瑞敏的决策能力。张瑞敏砸冰箱已经成为改革开放后中国企业发展史上的一个典故。当年张瑞敏砸冰箱的决定无疑令许多人难以接受,员工觉得砸掉很可惜,甚至连当时海尔的上级主管部门都难以接受。因为那个时代物资贫乏,购买产品还要凭票,电冰箱供不应求,而且当时一台冰箱两千多元,相当于一个工人三年多的工资,更何况当时工厂连发工资都困难。那时候一块钱能买十斤白菜,能买一斤多花生油,能买六两猪肉。所以可以想象张瑞敏做出这一决定的艰难程度。但他心里清楚，如果让这些有问题的产品流出工厂，这等于向工人传递了工厂可以接受存在质量问题的产品的错误信息，工人的质量意识就不可能彻底改变，以后有质量缺陷的电冰箱可能就不止 76 台了。所以必须以实际行动来改变工人的质量意识，张瑞敏坚决执行了把有缺陷的电冰箱砸掉的决定，同时宣布，这起质量事故是他的责任，以扣掉他的全部工资作为处罚。但以后再出现质量问题就是员工的责任，谁出质量问题就扣谁的工资。张瑞敏也知道不是把冰箱砸掉质量马上就能提高，但要通过这个事情增强员工的质量意识，传递一种理念，那就是所有有缺陷的产品都不能出厂。他认为不管多么好的设备、多么好的资产，都不可能自己增值，唯一可以增值的就是人。只要把人的素质提高了，企业就可以增值。

张瑞敏带头砸毁了 76 台不合格冰箱，砸的也是一种观念，砸醒了员工的质量意识。他用过的那把著名的大锤，已经收入国家历史博物馆。1987 年春末，北京西单商场举办了一场"琴岛—利勃海尔"电冰箱展销会，人们在海尔的门前排出了一条长龙，争相购买。1988 年 12 月，海尔获得了中国电冰箱史上的第一枚质量金牌，奠定了海尔冰箱在中国电冰箱行业的领军地位。

1990 年，海尔第一次向德国出口冰箱，但 8000 台冰箱怎么也进不了德国。面对德国海关和商品检验局亮起的一盏盏红灯，海尔的出口之路困难重重。张瑞敏出人意料地向德方人员提出：将两国的产品揭去商标，进行一场只看产品技术的较量。谁知检验的结果让德国人大为尴尬：海尔冰箱获得的优秀甚至比"师傅"利勃海尔的还多。正是这一场比拼，让海尔获得了两万台产品的大订单，进而也成功打入了欧洲家电市场。1998 年，张瑞敏成为应邀登上哈佛大学讲坛的第一位中国企业家，海尔成为第一个以成功案例进入哈佛大学案例库的中国企业。

在海尔推行"人单合一"模式是张瑞敏超强决策能力的又一次体现。为了实现企业转型，海尔打破传统的组织形式，推行"人单合一"的商业模式，但企业要去掉 2.6 万人，包括 1.2 万中层管理者和 1.4 万普通员工。这样大规模的人员变动，不仅会在一定时期对企业造成冲击，而且会涉及社会稳定的问题。为了企业的发展，张瑞敏面对这样的困境依然做出了艰难的决定，坚决推行

"人单合一"模式。后来经过多年的发展，海尔用事实证明了当初张瑞敏的这个决策的正确性。

2017年6月中旬，原中国银行业监督管理委员会（以下简称原银监会）要求各家银行排查包括万达、海航集团、复星、浙江罗森内里在内的数家企业的授信及风险，排查对象多是近年来在海外投资比较凶猛、在银行业敞口较大的民营企业集团。浙江罗森内里正是此前收购ＡＣ米兰足球俱乐部99.93％股权的中国企业。2017年8月，国家发展改革委、商务部、中国人民银行、外交部发布了《关于进一步引导和规范境外投资方向的指导意见》，提出"限制境内企业开展与国家和平发展外交方针、互利共赢开放战略以及宏观调控政策不符的境外投资，包括房地产、酒店、影城、娱乐业、体育俱乐部等境外投资"。对于政府的这一行动，王健林马上表态积极响应国家号召。随后王健林将部分商业地产出售，决定清偿大部分银行贷款，实现万达的国内资产占比93％，国外资产占比7％。虽然2017年对于万达来说是难忘的一年，但正是因为万达断臂求生而出售了多个酒店和文旅项目等部分资产，最终清偿了大部分银行贷款。

由于企业处于一个动态的生存环境之下，企业的发展要面对组织内外部环境的变化。企业家不能在任何时候对任何事项都保证百分之百做到决策无误。当年任正非在小灵通、手机和CDMA等业务发展上也出现了决策错误，错过了发展机遇，使华为在2002年营业收入第一次出现了负增长，任正非本人也倍感压力。而UT斯达康的吴鹰却独具慧眼，赶上了小灵通火爆时期的这场盛宴，赚得盆满钵满，一时间风光无限，走向了人生中的高光时刻。1998年，吴鹰被美国《商业周刊》评选为拯救亚洲金融危机的亚洲50位明星之一。

吴鹰发现日本有PHS技术。这种技术属于数字无绳电话系统，是固定电话的延伸，主要用于家庭、办公室、室外，1995年在日本的部分地区正式开始投入运营。虽然这项技术属于第二代通信范畴，但却是一项相对落后的通信技术，主要存在信号差的缺点。当时摩托罗拉、诺基亚、爱立信等许多国际通信巨头都放弃了这种技术，任正非也认为其没有发展前途，所以之前华为也没有开发小灵通。当时国内的手机市场主要被中国移动和中国联通占据了，没有移动通信牌照的两家固话服务商中国电信和中国网通只能干着急。正是中国当时存在的这种特殊市场环境为吴鹰利用 PHS 技术来发展小灵通提供了机遇。吴鹰买了日本的 PHS 技术，生产出的产品叫小灵通（该名称取自中国科幻小说《小灵通漫游未来》），然后将产品卖给了中国电信和中国网通。小灵通产品的优点是产品价格大概只有 1000 元，相当于当时一般手机价格的一半，后来甚至发展到选择小灵通业务还能够送一部手机。在话费方面，小灵通采用固定电话的收费模式，单向收费。1998 年 1 月，浙江余杭区正式开通小灵通，月租费只需要 20 元，资费每分钟 0.2 元，话费便宜，而当时手机一般采取双向收费，每分钟 0.5 元，话费相对于小灵通更贵。所以小灵通的整体费用跟固定电话的业务差不多，具有经济实惠的优势，受普罗大众的欢迎，甚至许多中小企业都为公司业务配置了小灵通，以节约电话费成本。小灵通的电磁波辐射极小，对人体辐射危害也较小，所以被老年人、孕妇、医务人员等一些特殊群体所喜爱。小灵通还具有待机时间长和省电的优势。小灵通充电一次，待机时间最长可达 10 天，省去了频繁充电的麻烦。但小灵通也有明显的缺点，由于其基站覆盖范围较小，只能在市区里面打电话，不具有跨城市漫游功能，而且小灵通的信号不稳定，影响通话质量。

不管怎样，小灵通凭借其优势，在中国市场不断攻城略地，一度风靡全国。2000 年 3 月，UT 斯达康在美国纳斯达克证券交易所成功上市，当天的股价一度冲到每股 73 美元，涨幅高达 278%，公司市值一飞冲天，达到 70 多亿美元，摘取了当年第一季度十佳公司的桂冠。2006 年，中国大陆小灵通的用户数量有 9341 万户，达到了历史的顶峰，给中国移动和中国联通造成了一定的威胁。

随着移动通信技术的发展，从 2G 到 3G，再到 4G 技术时代，手机的功能越来越丰富，价格也降低了，电话费不仅实现单向收费，而且资费也越来越便宜。在手机价格和手机资费双重降价的发展趋势下，小灵通的优势也逐渐消失，在没有创新突破的情况下走向衰落已经成为不可避免的结局。

1996 年 PHS 技术开始在中国固定电话网推广应用，1998 年小灵通正式上市，直到 2011 年全部退市，2014 年 10 月 1 日起小灵通基站被关闭，完全退出了市场。小灵通在中国走完了 18 年的产品生命周期，成为一个时代的记忆。UT 斯达康与小灵通命运相同。UT 斯达康因小灵通从默默无闻而走向鼎盛，成为行业中的一颗璀璨明星，也随着小灵通的衰亡而走向没落，面临财务危机、股价下跌、"摘牌警告"等困境。任何一个商机都是有时间性的，市场活动就是一个新商机和旧商机不断交替的过程。任何一个产品都有其生命周期，不可能长盛不衰，企业也不可能仅靠一个产品就可以长久高枕无忧地去赚取利润，所以企业想要在市场上保持竞争优势，就需要不断在产品上创新。吴鹰作为 UT 斯达康的创始人，因小灵通而经历人生的高光时刻，也随着小灵通的衰亡而失去往日的光环。2007 年 6 月，吴鹰被 UT 斯达康董事会解除了总裁职务，最后被迫离职。一时间的光辉不代表永恒，企业家做出一次正确决策并不代表以后的决策都正确。后来吴鹰在 3G 领域投入巨资却几乎血本无归，再转战网络电视（IPTV），希望能够再创辉煌，但最终也是竹篮打水一场空，颗粒无收。3G 技术主要有欧盟的 WCDMA 和美国的 CDMA2000 两种标准，其实在技术上这两种标准相差无几，分成两种标准的原因主要是出于各自的利益。为了不受制于人，中国研发出了 TD-SCDMA 技术，成为 3G 技术的国际标准之一。由于不同的标准之间存在技术差异，而且当时中国还没有明确采用哪一种标准。吴鹰预判中国未来可能采用 WCDMA 技术作为通信行业标准，于是一掷千金，大肆收购美国、韩国等地的研发企业。2006 年，当中国正式宣布将 TD-SCDMA 作为我国的通信行业标准时，吴鹰才知道投资错误，被迫放弃 WCDMA 方案，转为支持 TD-SCDMA。华为当初专注于 TD-SCDMA 技术和相关设备的研发，虽然没有在小灵通市场好好分一杯羹，还要面临财务压力，最终守得云开见月明，迎来 3G 时代的爆发，后来一路狂奔，现已成为通信领域的领导者。

一些家族式民营企业在创业阶段往往是一群亲戚朋友一起创业，一起奋斗。这种模式无疑在创业阶段为推动企业的发展发挥了特殊的作用，但随着企业的不断发展，就会逐渐暴露出一些弊端，比如不同的家族成员形成不同的小利益团体、家族成员的专业能力与企业的发展脱节、家族成员难以管理等问题。这些弊端会制约企业的发展，甚至会影响企业的生存，真是成也萧何，败也萧何。在这种情况下，企业家面临着巨大的挑战。如果企业家能够成功处理好这类矛盾，企业就会获得重生机会，企业发展就会更上一层楼。相反，则企业免不了陷入万劫不复的境地。

奥康和红蜻蜓是中国鞋行业的领军品牌和著名企业。奥康源自1988年的奥林鞋厂，2012年4月26日，奥康国际（股票代码：603001）在上海证券交易所敲响了上市的金锣，正式登陆A股资本市场，成为浙江省温州市获批"金融综合改革试验区"后迎来的首家上市企业。红蜻蜓（股票代码：603116）创始于1995年，2015年6月29日，红蜻蜓在上海证券交易所A股主板成功上市。两家企业发展的过程中还有一段奥康分家的故事，这也是企业家的果断决策能力给家族式企业发展带来涅槃重生的正向示范。

1988年，王振滔从武汉回到家乡浙江温州，与钱金波和另外一名合伙人，外加几个工人，用3万元钱创业资本，一台制鞋机，创办了永嘉奥林鞋厂，中国又一家作坊式企业诞生。当时正值韩国举办奥林匹克运动会，所以他们的厂名奥林取自"奥林匹克"。永嘉奥林鞋厂成立后，王振滔主抓推销，钱金波负责生产，一个主外一个主内，两人分工协作，齐心协力，公司也逐步发展起来。创业的第二年（1989年），鞋厂产值只有10万元，到了1991年，公司进行股份制改革，同时开始了规模化生产；1993年，又与外商合资组建了奥康鞋业有限公司；1994年，奥康鞋业产值已经突破了1000万元，发展成为国内较早具有规模化和竞争力的制鞋企业。

随着企业规模的不断扩大，员工需求也不断增多，其中有部分是王振滔和钱金波的亲戚朋友，或者是亲戚的亲戚，朋友的朋友，关系一层带一层，形成了圈里有圈的亲戚朋友关系网。于是家族企业的弊端也随着公司的发展而暴露出来了，比如称呼上的问题，在上班时候，王振滔看见他舅舅，正常情况下会喊一声"舅舅"，其他员工看见老板都这样叫了，同样也会喊一声"舅舅"，那问题就来了，到底是老板大还是舅舅大？称呼上的尴尬还是小事，更大的问题是王振滔和钱金波各自的亲戚朋友逐渐形成了两派，一派是王家的，另外一派是钱家的，企业内部的关系变得越来越复杂，而且这两派小团体的矛盾冲突越来越严重，甚至到了不可调和的程度，已经直接影响到公司的发展了。王振滔和钱金波为此一度苦恼不已，后来痛定思痛，无奈之下做出了分家的艰难决定。这是摆脱奥康集团所面临的家族人员带来的困境，以及有利于王振滔和钱金波未来各自发展的最好选择。王振滔继续经营奥康集团，而钱金波则带着分家得到的钱自立门户，重新开始创业，创建了红蜻蜓品牌。这就是奥康和红蜻蜓两个品牌企业的一段发展经历。奥康第一次分家到此画上了句号，但奥康分家的故事并没有就此结束。

奥康第一次分家算是圆满地解决了两个家族之间的矛盾，企业一时之间得到了平静。然而好景不长，王振滔刚过了一段安静日子，却发现还是没有真正跳出家族企业这个"坑"。事出有因，有一天，王振滔的三舅突然跑到他的办公室来求情。原来三舅的儿子是公司的供应商，之前送来了一批价值百万元的皮鞋包装盒，因为印刷质量不符合公司的标准，被王振滔坚决退了。既然儿子遇到麻烦，当爹的就希望王振滔给舅舅一个面子。结果两人说不到一块，就吵起来了。后来，三舅又找王振滔的母亲说情，也被一口拒绝。经过这事，王振滔全面检查了公司与亲戚有关联的地方，结果超出他的想象。王振滔发现除了亲戚朋友在公司任职以外，与公司有业务关联的鞋底、包装盒等合作商之间几乎都存在亲戚关系。这导致在公司没有亲戚关系的员工无法按照要求进行验收货物，公司采购的物资经常会出现以次充好的现象，严重影响了公司产品的质量，损害了公司的利益。这一回王振滔彻底被震惊了。他清楚企业继续这样下去的结果是什么，所以下定决心正本清源。

2001年春节前的一天，王振滔在永嘉人人国际酒店摆了一场丰富的宴席，邀请了所有和奥康有关系的亲戚。宴席上摆满菜，但都是生猛海鲜，而且是生吃的冷盘菜，除了馒头，没有一道热菜。正当大家心存疑惑时，王振滔就直言不讳说出了宴请大家的原因："今天为什么请大家吃生的？因为我很生气！"接着，他滔滔不绝地把亲戚在公司损公肥私的事一桩桩一件件地罗列出来，并明确指出了对公司的危害性。亲戚们越听越不是滋味，如坐针毡。最后，王振滔坚决地表示，除了企业需要的人才以外，其他亲戚都要离开公司，与公司有关的业务，以后所有亲戚都不能有合作。除了鞋，从事其他行业的，他都可以提供力所能及的帮助。

这场宴席对于亲戚们来说可能是鸿门宴，而对于王振滔来说则是现代版的

"杯酒释兵权",总而言之,王振滔通过奥康的第二次"分家",使企业彻底走出了受亲戚关系左右的家族企业发展的怪圈,让奥康在后来的发展道路上充满了阳光。

另外,企业家在日常工作中会经常面对文件审批、业务请示和会议上提出的问题等情况,如果企业家没有及时做出批复或反馈,就会造成文件或问题积压,下属在没有得到老板明确的批示或回复之前是不敢贸然开展下一步工作的。这种情况会令公司运作系统的一些环节出现停滞状态,时间拖得越长,对工作就越不利,原来制定的目标和计划完成的时间就会受到影响,公司的运营成本和风险也会增大,员工的工作积极性也会受到打击。决策时既要讲究原则性,也不能忽视灵活性,不要墨守成规,要视情况随机应变,企业家可采取先决策后通报的灵活方式,快速决策去解决问题,避免延误时机。

(三)创新能力

创新能力是指企业家将创新精神转化为实际行动的能力,如创造新概念、新理论、新方法,更新技术,发明新设备、新产品,还有服务、管理、制度、战略等方面的创新,以及高效运用新元素的能力。企业所获得的创新成果也就是企业家创新能力的具体表现。社会在变化,市场在变化,客户在变化,只有变化是永恒不变的!下面我们通过华为、海尔、格力电器、比亚迪四家公司的事例领略创新为企业发展带来的巨大推动力。

2013年,华为首次超过了已有137年历史的全球第一大电信设备商爱立信,在《财富》世界500强中排第315位。2017年7月20日,美国《财富》杂志发布了最新一期的世界500强名单,华为以785.108亿美元营业收入首次打入前百强,排第83位,较上一年的第129位提升46位。华为2017年实现销售收入6036亿元,同比增长15.7%;净利润为475亿元,同比增长28.1%,平均每天1.3亿元。为什么创立于1987年的华为能取得如此辉煌的业绩?其实这些成绩与华为在技术创新方面的高度投入是息息相关的。在知识产权层面,世界知识产权组织公布的数据显示,2015年企业专利申请排名方面,华为以3898件专利申请连续两年位居榜首。截至2016年12月31日,华为累计获得专利授权62519件,累计申请中国专利57632件,累计申请外国专利39613

件，其中90%以上为发明专利。欧洲专利局宣布，2017年，华为向其申请了2398项专利，专利申请数在全球企业中排名第一。华为2016年的研发费用支出首次超过100亿美元，达到763.91亿元，占整体收入的14.6%。这笔用于技术创新的费用，并不是每家公司都愿意或能够投入的。2018年2月26日，华为发布了首款5G商用芯片——巴龙5G01（Balong 5G01），率先突破了5G终端芯片的商用瓶颈。这也是全球5G产业的一项重大突破。重视研究与创新、坚持不断的技术创新是华为获得竞争优势的主要原因。截至2022年年底，华为研发员工超过11.4万名，占员工总数量的55.4%。华为坚持将每年收入的10%以上投入研发。近10年累计投入的研发费用超过9773亿元。华为的创新能力也不断实现自我突破。截至2022年12月31日，华为全球共持有有效授权专利超过12万件，90%以上为发明专利。华为是全球最大的专利权人之一，在移动通信、短距通信、编解码等多个主流标准专利领域居于领先地位，已经有数百家企业通过双边协议或专利池付费获得了华为的专利许可。目前，华为是累计获得中国授权专利最多的企业，当前有效中国专利逾4.7万件，在美国累计共获得2万余件授权专利，在欧洲累计获得约1.5万件授权专利。华为专利合作条约（PCT）申请量连续5年居全球第一。

全球首款支持卫星通信的Mate 60 Pro智能手机更是在行业中独领风骚，还拥有先进的7纳米工艺技术自主制造的高端麒麟9000s芯片，自主研发的操作系统Harmony OS和昆仑玻璃。这些成绩和数据反映了技术创新是华为发展的核心动力。华为的创新成绩实际上就是华为创始人任正非将创新精神转化为创新和创造能力的具体体现。

张瑞敏领导的海尔在产品研发上所取得的成绩同样辉煌。在全球公认的衡量研发水平的4个维度（创新体验、国家级大奖、发明专利、标准话语权），海尔均为行业第一。截至2023年11月1日，海尔官网的"科技创新成果"一栏显示：有16项科技创新成果荣获国家科学技术进步奖，数量占家电行业的2/3；有100项国际标准制修订（已发布）、755项国家/行业标准制修订（已发布）；有12项专利获得中国专利金奖，是中国家电行业最多的，全球累计申请专利9.7万项，全球累计申请发明专利6.2万项，海外累计申请发明专利1.6万项，并且在30个国家有海外发明专利布局；体验设计引领，获得500项国际设计大奖、5项中国优秀工业设计奖，是全国唯一"金奖三连冠"企业。除了技术与产品创新之外，海尔的"日事日毕、日清日高"的OEC管理法、海尔文化激活"休克鱼"法、"人单合一"模式也是管理方面的创新成果。

在竞争激烈的空调市场，格力电器可谓一枝独秀，产品远销160多个国家和地区。2005—2017年，格力家用空调产销量连续12年领跑全球，2006年荣获"世界名牌"称号。2010年，格力电器成功获得南非世界杯场馆的中央空调项目。其成功的奥秘之一是技术创新能力。格力电器的口号是"格力，掌握核心科技"。这是格力一直在努力的目标。为了实现这个目标，格力电器通过技术创新来研发新产品和获得专利技术。经过多年的努力，截至2017年，格力电器已开发出的产品与技术有超低温数码多联机组、高效离心式冷水机组、G-Matrik低频控制技术、超高效定速压缩机、1赫兹低频控制技术、R290环保冷媒空调、多功能地暖户式中央空调、无稀土磁阻变频压缩机、永磁同步变频离心式冷水机组、双级变频压缩机、光伏直驱变频离心机系统、磁悬浮变频离心式制冷压缩机及冷水机组、高效永磁同步变频离心式冰蓄冷双工况机组、环境温度零下40摄氏度工况下制冷技术、三缸双级变容压缩机技术、应用于热泵空调上的分布式送风技术、面向多联机的CAN+通信技术、基于大小容积切换压缩机技术的高效家用多联机和NSJ系列车用尿素智能机共19项"国际领先"技术，生产出了20个大类、400个系列、12700多种规格的产品，格力电器累计申请专利34927项，获得授权专利20277项。

格力电器坚持创新驱动理念，经过不断沉淀和积累，截至2023年9月，格力电器累计申请专利114392件，其中申请发明专利60627件，累计获得发明专利授权19355件。现拥有39项"国际领先"技术，累计获得国家科学技术进步奖2项、国家技术发明奖2项、中国专利金奖3项（包含"格力钛"1项）、中国外观设计金奖3项、日内瓦发明展金奖14项、纽伦堡发明展金奖9项。

如果没有强大的研发实力支撑，"掌握核心科技"这个口号就会变成一句空话。截至2023年10月，格力电器在国内外建有77个生产基地，6个再生资源基地，有制冷技术研究院、机电技术研究院、家电技术研究院（两个）等16

个研究院，152 个研究所、1411 个实验室、1 个院士工作站（电机与控制），拥有国家重点实验室、国家工程技术研究中心、国家级工业设计中心、国家认定企业技术中心、机器人工程技术研发中心各 1 个，同时成为国家通报咨询中心制冷设备研究评议基地。格力电器能够取得如此傲人的业绩，与企业及企业家的创新能力是分不开的。

自 2021 年以来，中国新能源汽车产业出现爆发式增长。比亚迪是新能源汽车行业的一个亮点，其仰望品牌旗下 U8 车型所展示出来的技术创新让"世界仰望"，原地掉头、应急浮水、CTB 电池车身一体化等核心技术完美演绎，易四方、云辇-P 等创新技术都被成功应用在汽车制造上。这些创新性技术对传统汽车制造具有颠覆性的意义，更是一次汽车技术革命的标志，所以在国内外各大车展上，U8 车型成了一颗耀眼的新星，独领风骚，使中国汽车制造业实现了从模仿到超越，逐步走向领先地位。比亚迪自 1995 年创立至今，在王传福的带领下，以创新为企业的发展驱动力，目前业务布局已涵盖电子、汽车、新能源和轨道交通等领域，其中新能源乘用车销售已经覆盖全球 58 个国家和地区。比亚迪夺得了 2023 年上半年国内车企、品牌双料冠军，并列 2023 年第三季度全球汽车销量排行榜第 9 名。正是比亚迪这类具有创新精神和能力的企业引领带动了汽车行业的产业革命，促进了中国汽车制造业的不断发展。海关总署公布的数据显示，2023 年 1—10 月，中国汽车出口量是 423.9 万辆，同比增长 62.4%，2022 年我国汽车出口量是 332.1 万辆。2023 年上半年，中国已超过日本，成为全球出口汽车最多的国家。

无论是华为，还是海尔、格力电器和比亚迪，他们之所以能在各自的领域成为翘楚，主要是因为他们都拥有强大的自主创新能力。产品与技术的研发是创新能力的一个方面的体现。他们将创新能力转化为企业的生命力，从而创造了今天令人瞩目的成就。

党的十九大报告强调要"加快建设创新型国家"，明确"创新是引领发展的第一动力"；党的二十大报告强调"坚持创新在我国现代化建设全局中的核心地位，并对加快实施创新驱动发展战略进行部署"。在国家创新政策的支持下，各行各业积极参与，中国在创新方面取得的成果越来越丰硕。2023 年 11

月 8 日，在国务院新闻办公室召开的国务院政策例行吹风会上，国家知识产权局局长申长雨介绍，截至 2023 年 9 月，我国有效发明专利和商标拥有量分别达到 480.5 万件、4512.2 万件，2022 年著作权年登记量达 635.3 万件；PCT 国际专利申请量连续 4 年位居世界第一。

（四）应变能力

应变能力是指人在外界事物发生变化时，审时度势、随机应变地及时做出决策的能力。每个人的应变能力不尽相同，造成这种差异的原因既有先天的因素，也有后天的因素。一般长期从事紧张工作的人比从事安逸工作的人应变能力强一些。应变能力强的人往往在复杂的环境中能够遇事冷静、沉着应战，而不是紧张和莽撞行事。可通过锻炼自己分析问题的能力和迅速做出决策的能力来提升应变能力。当我们遇到各种各样的问题和困难时，千方百计努力去解决问题和克服困难的过程也是锻炼应变能力的过程。企业内部和外部环境的变化都会影响到企业发展战略的实施和管理模式的改变，如劳动力短缺、招聘难、人力和原材料成本上涨、竞争激烈、互联网冲击、政策调整、冲突管理和风险管理等。无论是来自企业内部的影响因素还是企业外部的影响因素，这些都不是企业家所能控制的，突发事件更能说明这些因素不受控制，所以企业家应该有能力去应对任何突发的危机事件，使企业化险为夷。

2007 年 8 月，美国"次贷危机"爆发，先席卷美国、欧盟和日本等世界主要金融市场，后逐渐引发国际金融危机。当时中国的实体经济还没有受到金融危机的冲击，至少家电市场还没有显示出受到影响的迹象。虽然如此，张瑞敏还是审时度势，提前采取应变措施，领导海尔进行变革，开启用户驱动的"即需即供"模式，从过往以企业为中心向以用户为中心转型，从制造业向服务业转型，也就是从"以企业为中心卖产品"转变为"以用户为中心卖服务"。因为随着社会的发展，传统企业的"生产—库存—销售"模式已经不能满足用户个性化的需求了。改革的目的是改变经营模式，降低库存，减少资金积压，降低企业风险，提升服务，落实零库存的"即需即供"战略。

张瑞敏用实际行动来推动这次改革。2008 年 8 月 28 日，张瑞敏再次挥锤，这次要砸的是仓库，而不是冰箱。这一天又成为海尔发展历史上一个值得铭记的日子。张瑞敏通过砸掉仓库，改变了海尔的供应链流程。根据客户需要，按订单生产，生产后马上供货，就不会形成库存。从当年10月开始，受美国"次贷危机"引发的国际金融危机影响，市场零售大幅下滑，各行业的库存大幅上升。由于张瑞敏率先推行零库存下的"即需即供"战略，使海尔在这次金融危机中未受到较大影响。

2000年，创维集团发生了陆强华出走事件后，公司受到重挫，股价大跌，人心涣散，公司面临严峻考验。为了应对这一困境，黄宏生被迫采取一系列紧急变革措施。他主动放弃了董事局主席的年金，还拿出1亿股股票期权分配给集团的800名管理人员和骨干，并重新组建销售团队。变革措施见效，2000年，创维在国内销售44亿元，出口5亿元，保住了业界第四的地位。黄宏生终于跨过了这道坎。风波虽然给公司造成了冲击，但从另外一方面看，正是因为这场风波，让黄宏生反思过往的管理模式和自己的领导方式，重点在权与利上进行变革，推行新的管理模式。

任何一家企业都存在突发危机事件的可能性，无论事件的影响较大还是较小，来自企业内部还是外部，都难以避免。这尤其考验企业家的应变能力。因此，评价一个企业家的综合素质，除了看其在顺境中能不能纵横捭阖，更要看其身处逆境时能否从容地化解危机。

再来看看乐视网与万达的例子。乐视网与万达在2017年是最受大众瞩目的两家企业，原因是他们都面临着突发危机，但这两个企业最后却出现了截然不同的结局，万达最后安然渡过危机，而乐视网一直到2018年依然深陷旋涡，就连接盘者孙宏斌也深陷其中，当了237天乐视网董事长的孙宏斌在2018年3月14日辞职。2018年3月29日，融创中国在中国香港召开2017年业绩发布会，孙宏斌宣布对乐视网是一次失败的投资，亏损了165亿元。

2017年6月，原银监会对万达排查授信风险，万达的6个境外项目融资受到严格管控。紧接着，原银监会通知各大银行，要求对万达集团、海航集团、安邦集团、复星集团与浙江罗森内里投资公司的境外投资借款情况及风险进行分析，并重点关注这些企业所涉及的并购贷款、内保外贷等跨境业务风险情况。中央政府关于海外投资政策的转向，让万达感受到了空前的压力。王健林果断大规模出售国内资产来回笼资金,以防范这次可能因银行断贷所造成的挤兑危机。2017 年 7 月 19 日,万达集团旗下的万达商业首先与融创中国、富力地产签订了一笔交易总额高达 637.5 亿元的协议。

在这个协议中,融创中国以 438.44 亿元收购万达集团 13 个文旅项目 91% 的股权,余下 9% 的股权由万达商业保留。富力地产则以 199.06 亿元的价格,接盘万达集团 77 家酒店。

王健林在万达文旅城与万达五星级酒店项目上倾注了多年的心血,虽然在面对危机时他可能有不舍,但他没有丝毫犹豫。这次大规模出售文旅城与酒店项目,为万达集团直接减债 440 亿元,回收现金 670 亿元,整体减债 1100 亿元。再加上过去的现金储备,万达集团极大增强了承受风波冲击的能力。

2017 年 7 月 21 日,王健林对外公开表态,"积极响应国家号召,我们决定把主要投资放在国内"。

8 月 18 日,国务院办公厅又转发了《关于进一步引导和规范境外投资方向的指导意见》,限制房地产、酒店、影城、娱乐业、体育俱乐部等境外投资,而这些领域恰恰都是万达集团这些年海外投资的重点。

9 月,又有外媒曝出"王健林被限制出境"的传言,王健林与万达风波进一步升至高潮。王健林始终保持清醒,他没有陷入与媒体的口舌之争,而是专注在应对危机上,一方面维持万达各项业务的稳定经营,另一方面加大找钱的力度,以避免造成多方挤兑。

2018 年 1 月 20 日,在万达集团 2017 年年会上,王健林坦言 2017 年对万达来说是非常难忘的一年,经历了风波,也承受了一些磨难,但在比较困难的经营条件下,较好地完成了 2017 年的各项工作任务。

正是得益于出色的应变能力,王健林才成功带领万达走出了这次突如其来的危机。但企业发展过程中处处潜伏着危机,王健林能够化解这场危机,并不代表万达以后就不会再遇到危机了。

2021 年 3 月,大连万达商业管理集团股份有限公司(以下简称大连万达商管)在珠海成立珠海万达商业管理集团股份有限公司(以下简称珠海万达商管),负责万达集团旗下商业物业运营管理,珠海人民政府国有资产监督管理委员会出资 30 亿元入股。为了准备在香港上市，同年 8 月，大连万达商管引进了碧桂园、中信资本、华平投资、招商局、郑裕彤家族、太盟投资集团（PAG）等 22 家投资者而获得约 380 亿元的后续发展资金，22 家机构投资者合计持股约 21.17%。其中太盟投资集团的投资额约为 28 亿美元（约 180 亿元），持股比例总计为 9.9999%，并签订了"对赌"协议，如果珠海万达商管在 2023 年 12 月底前未能成功上市，22 家投资者可要求万达按照 8% 的年收益率，回购总额 300 亿元的股权。珠海万达商管的上市之路并非一帆风顺，而是一波四折。2021 年 10 月 21 日，珠海万达商管第一次向香港证券交易所提交了招股书，拟面向全球发行股份，但首战就出师不利，被拒了。后来分别在 2022 年 4 月和 10 月再次向香港证券交易所提出上市申请，也均以失败告终。在距"对赌"协议到期的最后一年，珠海万达商管再次奋力一搏，争取实现上市梦想，在 2023 年 6 月 28 日，第四次向香港证券交易所递交招股书，最终还是铩羽而归。

珠海万达商管在 2023 年不能上市已经变成了铁板钉钉的事实，那就必须执行"对赌"协议的条款。这对于万达来说又是一道坎。王健林为了解决燃眉之急，不得不与投资者进行谈判。

2023 年 12 月 12 日，万达集团官网发布公告，大连万达集团已与太盟投资集团（PAG）签署了新的投资协议。根据新的投资协议，大连万达商管持股 40%，成为单一最大股东，股份由原来的 69.99% 减少了 29.99%，太盟投资集团（PAG）和其他股东总计持股 60%。这也意味着王健林通过转让股份的方式化解了这次危机。综上所述，足以见危机事件对企业家应变能力的考验。

2012 年，对万科来说是企业发展史上一个难忘的年份。万科在这一年连续爆发了"毒地板"事件和"纸板门"事件。其中"毒地板"事件被认为可以归入万科历史上最严重的危机。

2012 年 2 月 16 日 11 点 50 分，凯迪互联网社区出现一篇署名为"李晓燕"的网帖，声称安信木地板甲醛超过国家标准，万科采购系统的员工与安信有不正当行为，使不合格地板流入了万科的多个楼盘。随后这个帖子在未经核实的情况下被许多媒体转载，一时间舆论哗然。即使反映的内容不实，但这对万科而言也极有可能是自 2008 年"捐款门"事件后面临的一起最严重的舆论危机。而这一天,不知是不是巧合,去美国游学的王石刚好在从纽约飞回北京的航班上。

帖子出现一小时后,万科总裁办公室立即获得信息。

万科应急小组马上召开紧急会议。会议决定立刻对外做出回应:①万科对网上的质疑高度重视,已启动紧急调查程序,并要求安信做出全面说明;②在确认调查结果前,暂停采购安信地板;③对已采购但未安装的安信地板,全部封存;④对已安装的安信地板进行复检,并邀请质检机构协助检测;⑤对采购管理工作进行内部调查。最后还说明,如果调查发现产品质量确实存在问题,万科将严格承担应尽的责任和义务,并充分维护客户的合法权益。

几天后,发帖人的姓名被证实是假的。随着调查的逐步深入,越来越多的证据显示被举报的内容不实,要等全部检验报告出来后真相才能水落石出。

与一些公司在出现负面新闻后采取掩盖的方式来处理问题不同,王石认为安信地板事件发展到这一地步,对安信、万科和房地产行业的伤害已经形成。如果采取保守的方法去应对这次事件,固然能渡过危机,却无法消除对行业的伤害。所以他认为要主动出击,化被动为主动,召开新闻发布会,澄清事实,高调应对。随后,王石在新浪微博上表态:"一旦发现产品问题,万科将承担全部责任,维护消费者权益。"即使是 1% 的差错,对消费者而言就是 100% 的损失!

最后,所有的检测报告都出来了,结果显示:甲醛释放量低于国家标准。

万科对这次危机事件的处理,展现出了一家优秀企业的风范,王石表现出的则是一名优秀企业家的素质。

下面我们从"宝能系"与万科和格力之争的案例再解读企业家的应变能力。

万科和格力电器都是国内知名企业。这两家上市公司都是优质的股票,而且股权都高度分散。这样的股权状况为资本市场争夺企业控制权提供了可乘之机。

2015 年 12 月 17 日,王石在公司内部发表了一次讲话,公开挑战"宝能系","万宝之争"正式打响。此时"宝能系"总共持有万科大约22.45%的股份,占据第一大股东的宝座。12月25日,证监会新闻发言人表示,证监会非常关注宝能与万科的情况。上市公司收购人等信息披露义务人,在上市公司收购中应依法履行信息披露义务,上市公司董事会对收购采取的策略应当有利于维护公司及其股东的利益,证监会正会同原银监会、中华人民共和国原保险监督管理委员会(以下简称原保监会)对此事进行核实研判,以更好地维护市场三公秩序,更好地保护市场参与各方,特别是中小投资者的利益。

2016年7月,万科工会委员会起诉宝能损害股东利益,深圳市罗湖区人民法院已经受理此案。9月,深圳市中级人民法院就已做出判决,支持罗湖地方法院的原判,并形成了终审裁定,万科工会委员会胜诉。

11月30日晚间,格力电器在回复深圳证券交易所问询函的公告中披露一则重磅消息:"公司通过核查,发现前海人寿在11月17日公司股票复牌至11月28日期间大量购入公司股票,持股比例由2016年第三季度末的0.99%上升至4.13%,持股排名由公司第六大股东上升至第三大股东。"

12月3日,董明珠直言,"真正的投资者应该通过实体经济获益","如果成为中国制造的破坏者,他们会成为罪人"。

同日,证监会发出严厉警告,要求不当奢淫无度的土豪,不做兴风作浪的妖精,不做谋财害命的害人精,挣来路不正的钱,从门口的野蛮人变成了行业的强盗,这是不可以的。这是在挑战国家法律法规的底线,也是在挑战做人的底线!这是人性的退步和道德的沦丧,根本不是什么金融创新。

12月5日,原保监会对前海人寿采取停止开展万能险新业务的监管措施,3个月内禁止申报新产品。

12月6日,原保监会明确,将于近日派出两个检查组分别进驻前海人寿、恒大人寿开展现场检查。

12月9日,原保监会暂停恒大人寿的委托股票投资业务。

12月9日晚,前海人寿发布《关于投资格力电器的声明》,郑重承诺:"未来将不再增持格力股票,并会在未来根据市场情况和投资策略逐步择机退出。"

12月12日，《人民日报》发表对万科总裁郁亮的专访。

12月13日，中国恒大在香港证券交易所发布公告，称无意进一步收购万科股份。

12月17日，中国恒大向深圳市政府做出五点表态：不再增持万科股份，不做万科控股股东，可将所持股份转让给深圳地铁集团，也愿听从深圳市委、市政府安排，暂时持有万科股份，后续坚决听从市委、市政府统一部署，全力支持各种万科重组方案。

2017年1月12日晚，万科发布公告称，深圳地铁集团拟受让华润集团所属公司所持有的万科A股股份，约占万科总股本的15.31%。

1月13日，宝能发表声明：欢迎深圳地铁集团投资万科，宝能看好万科，作为财务投资者，支持万科健康稳定发展。

6月30日，在万科股东大会上，万科董事会换届获得股东大会通过，66岁的王石正式卸任万科董事长，由郁亮接班。这标志着全球最大的房地产公司进入了一个新时代。

虽然轰动业界的"宝能系"与万科和格力之争在政府通过行政手段干预的情况下暂时落下帷幕，但是如果"宝能系"的姚振华、万科的王石和格力的董明珠的反应不朝这个结果发展，那这个事件会有什么结局呢？由此可见，在攸关企业生死的重要时刻，企业家超强的应变能力更显得难能可贵。

新东方教育集团的俞敏洪应对危机的方式也显示出了一个优秀企业家的应变能力。一些公司为了获利而违背商业道德，不择手段，通过做空被锁定的公司，然后寻找机会获利。新东方就曾经有过这样的遭遇。2012年7月，新东方被美国浑水研究公司（Muddy Waters Research）恶意攻击，其散布虚假信息指责新东方存在财务数据造假、教学区造假、学生人数造假等情况。受此负面消息的影响，新东方的股价在两天之内从20多美元跌到9美元多，市值蒸发了60%。但俞敏洪没有坐以待毙，而是积极应对危机，最终化险为夷。俞敏洪能够带领新东方化解危机，除了反应快速、措施得当之外，更重要的是他坚持诚信经营，从不做假账，企业底气十足。

企业在经营过程中受内外部不确定性因素影响而存在难以预测的潜在风

险，所以企业家经营企业的过程也是一个遭遇危机和化解危机的过程。浑水研究公司的恶意攻击只不过是俞敏洪自创业以来所遇到的其中一个来自外部的危机而已。2023年12月，东方甄选爆发了"小作文"事件，对俞敏洪的危机应变能力又是一次考验。

2023年12月5日，东方甄选在其账号上发布了一则有关东方甄选吉林行的预热视频，并置顶了"宣传文案出自谁手"的解答评论，称小作文多数由文案团队创作，并非全部出自主播董宇辉之手，这一回复随即引发了董宇辉"粉丝"的强烈不满，后演变成董宇辉"粉丝"和东方甄选之间的对立矛盾，进而发酵成了社会舆论关注的热点。正如俞敏洪所讲，这件事本来是公司内部的一件小事情，却因为处理不当而变成了一场舆论危机。

"小作文"事件从12月5日开始发酵到12月14日，给东方甄选带来的直接负面影响有两个方面：一是东方甄选账号掉了近26万"粉丝"，"粉丝"数从12月9日的3116万掉到12月14日的3090.7万；二是股价下跌，跌幅已经超过20%，12月11日—14日，仅3个交易日公司市值就蒸发了超过60亿港元。12月16日凌晨，东方甄选官方抖音账号宣布当天暂时停播，12月17日才恢复开播。

如果该事件继续恶化，对东方甄选的冲击无疑会越来越大。当务之急就是化解这次危机，让东方甄选转危为安。

从"小作文"事件爆发后东方甄选采取的一系列危机应对措施中，就不难发现久经沙场的俞敏洪处理危机事件的应变能力。

12月12日，俞敏洪在节目中回应"小作文"事件，希望大家能够用理性的方式和态度表达自己的观点。

12月13日凌晨，董宇辉发文回应，反对以"饭圈"名义污名化任何人。

12月14日，俞敏洪指出了引发事件的原因，并向董宇辉致歉。同日，东方甄选CEO孙东旭在其个人账号上也公开发布了道歉视频。

12月16日，东方甄选宣布免去孙东旭CEO职务，由俞敏洪兼任；同日，俞敏洪发致歉信，东方甄选直播间拉黑的网友已被全部解除。

12月16日下午7点10分，俞敏洪和董宇辉同在抖音直播间进行直播。

12月17日晚间，东方甄选在香港证券交易所发布公告称，解除孙东旭行政总裁、执行董事职务。

12月18日，新东方教育科技（集团）有限公司任命董宇辉为新东方教育科技集团董事长文化助理，兼任新东方文旅集团副总裁。

12月18日晚间，俞敏洪与董宇辉一同现身东方甄选直播间。

12月22日，东方甄选宣布，孙东旭已辞去该公司非执行董事一职，即时生效。同日，企查查App显示，与辉同行（北京）科技有限公司成立，法定代表人为董宇辉，监事是俞敏洪。董宇辉的与辉同行工作室成立，工作室产生的收益都会划入东方甄选。与辉同行是北京新东方迅程网络科技有限公司（以下简称新东方迅程）100%持股的全资子公司，而新东方迅程则是新东方教育科技集团有限公司的全资子公司。俞敏洪为董宇辉提供了更大、更自由的发展平台，同时也减少了董宇辉对与辉同行的影响力。

12月26日，在抖音平台上正式开通与辉同行账号。

2024年1月9日，董宇辉的新号与辉同行开启首播，俞敏洪现身与辉同行直播间，首播销售额破1.5亿元，观看人次超5400万次。

东方甄选一度因为"小作文"事件而陷入了危机，随后俞敏洪的一番"神"操作，扭转了被动局面，化解了这场危机。

以上案例中，创维的危机来自企业内部，万达的危机是源于内部而向外部溢出的结果，万科的"毒地板"事件危机来自外部的市场，万科和格力与"宝能系"的股权战危机都来自企业外部，而新东方被做空和东方甄选"小作文"事件，既有企业外部的原因，也有企业内部的原因。这些危机无一不是在考验企业家的应变能力。

当今世界正经历百年未有之大变局，在霸权主义、单边主义、贸易保护主义抬头，以及中美贸易摩擦、新冠肺炎疫情、俄乌冲突、巴以冲突等世界性事件爆发的多重叠加因素的综合效应下，全球的政治经济格局正在加速演变，加上信息科技的快速更迭，使企业外部的不确定性因素陡然增加。在这种情况下，企业对于发展战略的调整更要及时和灵活。这对企业家的应变能力提出了更高的要求。

（五）悟性

悟性是一个人对事物的理解、分析、感悟、觉悟能力。悟性是一种超常的直觉，人人皆有，但每个人的悟性是不一样的，有高低之分。一个悟性好的人在理解一件事物或某种抽象的东西时速度快，而快的前提是这个人拥有足够多的知识和经验，并且具备触类旁通的思维方式。企业家要面对瞬息万变的环境，需要灵活变通。乔致庸从经商中悟出想要"货通天下"，就必须通过"汇通天下"来实现。正因为有了这一经营思路的指导，才使乔家的"大德通"和"大德恒"票号遍布全国。到清末时，全国有200多处乔氏家族的票号和店铺。乔致庸成为一代著名的晋商巨贾。洞察力较强的领导者，常常能敏锐地发现别人尚未意识到的问题，能迅速而又准确地找到问题的本质，这有利于问题的解决。企业家需具有通过观察事物或问题的表象看到其本质的深邃洞察能力。要准确、及时地洞察企业内外部环境的变化，洞悉大趋势，企业家才能更好地掌控企业的发展方向。中国的政治和经济社会模式要求企业家在洞察外部环境变化时，除了要把握市场的发展动向，还要对政府颁布的各项政策措施和政治动向对企业发展和自身的影响特别敏感。

2021年，滴滴出行公司赴美上市事件，是一起典型的受到国家网络安全审查的案例。

滴滴出行源于2012年成立的北京小桔科技有限公司。2014年5月，该公司的产品正式更名为"滴滴打车"。经过多年的发展，公司业务涵盖出租车、专车、滴滴快车、顺风车、代驾及大巴、货运等。滴滴出行2021年全年实现营业收入1738.27亿元，较2020年的1417.36亿元增长22.68%，全年净亏损493亿元。

2021年6月11日，滴滴出行向美国证券交易委员会递交了IPO招股书。6月30日晚，滴滴出行正式在纽约证券交易所挂牌上市，股票代码为"DIDI"。

7月2日，中国网信网发布了《网络安全审查办公室关于对"滴滴出行"启动网络安全审查的公告》，对滴滴出行实施网络安全审查，审查期间滴滴出行停止新用户注册。

7月9日，中国网信网发布了《关于下架"滴滴企业版"等25款App的通报》，国家互联网信息办公室依据《中华人民共和国网络安全法》相关规定，通知相关应用商店下架其25款App。

7月16日，国家互联网信息办公室等七部门进驻滴滴出行科技有限公司，开展网络安全审查。

12月3日，滴滴出行启动在纽约证券交易所退市的工作，并启动在香港上市的准备工作。

2022年7月21日，中国网信网发布了《国家互联网信息办公室对滴滴全球股份有限公司依法做出网络安全审查相关行政处罚的决定》，对滴滴全球股份有限公司处人民币80.26亿元罚款，对滴滴全球股份有限公司董事长兼CEO程维、总裁柳青各处人民币100万元罚款。

中国网信网还提供了滴滴出行公司存在的16项违法事实，主要有8个方面：一是违法收集用户手机相册中的截图信息1196.39万条；二是过度收集用户剪切板信息、应用列表信息83.23亿条；三是过度收集乘客人脸识别信息1.07亿条、年龄段信息5350.92万条、职业信息1633.56万条、亲情关系信息138.29万条、"家"和"公司"打车地址信息1.53亿条；四是过度收集乘客评价代驾服务时、App后台运行时、手机连接桔视记录仪设备时的精准位置（经纬度）信息1.67亿条；五是过度收集司机学历信息14.29万条，以明文形式存储司机身份证号信息5780.26万条；六是在未明确告知乘客的情况下分析乘客出行意图信息539.76亿条、常驻城市信息15.38亿条、异地商务/异地旅游信息3.04亿条；七是在乘客使用顺风车服务时频繁索取无关的"电话权限"；八是未准确、清晰说明用户设备信息等19项个人信息处理目的。

网络安全审查过程中还发现，滴滴出行公司存在严重影响国家安全的数据处理活动，以及拒不履行监管部门的明确要求，阳奉阴违、恶意逃避监管等其他违法违规问题。滴滴出行公司违法违规运营给国家关键信息基础设施安全和数据安全带来严重安全风险隐患。因涉及国家安全，依法不公开。

虽然官方公开了审查结果，但社会舆论也存在一些疑问，为什么滴滴出行偏偏选在社会高度关注的中国共产党百年华诞的前一天6月30日匆忙跑去美国上市？为什么滴滴出行一反常态，与其他上市企业明显不同的是在整个上市过程中居然没有敲钟，也没有进行任何宣传活动？为什么把最机密的我国路况精确信息直接交给美国？为什么滴滴出行的高管团队中有一个具有美国主管军方情报背景的美国人？为什么滴滴出行要赶在9月实施《中华人民共和国数据安全法》前去美国上市？

以上社会舆论疑问的最佳答案或许只有滴滴出行的决策者才能够准确回答。

2023年1月16日，国家网络安全审查办公室同意滴滴出行即日起恢复新用户注册。

我们还可以通过一些案例进一步了解政府对新兴行业管控的新动态，从中察觉和悟出政府对企业经营范围进行管控的尺度、意志和决心。

随着新兴行业的诞生，截至2017年，中国的社交平台、移动支付平台、新物流平台和新媒体平台几乎由民营资本集团控制。

2017年8月4日，中央银行支付结算司印发了《中国人民银行支付结算司关于将非银行支付机构网络支付业务由直连模式迁移至网联平台处理的通知》，表示自2018年6月30日起，支付机构受理的涉及银行账户的网络支付业务全部通过网联平台处理。各银行和支付机构应于2017年10月15日前完成接入网联平台和业务迁移的相关准备工作。网联也被称为"网络版银联"，即线上支付统一清算平台，是在中央银行的指导下，由中国支付清算协会组织成立，用来处理由非银行支付机构发起的、与银行交互的支付业务，按照"共建、共有、共享"原则共同发起筹建。事实上，中央银行推动网联成立的意图非常明显——利于监管。近几年，第三方支付行业的快速发展，给支付和金融市场造成了一定的混乱。而网联的成立，通过可信服务和风险侦测，可以防范和处理诈骗、洗钱、钓鱼以及违规等风险。网联公司的前10名股东中有4名是国有企业，分别是股份比例排第一名的中央银行直属的中国人民银行清算总中心，股份比例为12%；排名第二的国家外汇管理局（以下简称外管局）的梧桐树投资平台有限公司，股份比例为10%；排名第九的中央银行直属的中国印钞造币总公司，股份比例为3%；排名第十的中央银行直属的中国支付清算协会，股份比例为 3%。4 家公司加起来的股份比例为 28%。所以，网联的成立，不仅是国家整治金融环境的一记重拳，更标志着由国家主导的中国新信用体系的建立。

从这个案例中不难看出，即使是新兴行业，国有资本原来没有涉足的，只要影响到国家安全，政府同样要控制，控制的方式是通过合股经营。

2016 年中国贸易顺差几千亿元，结果年终外汇储备不仅没增，反而降了几千亿元，汇率出现异常，面临着巨大的金融动荡风险。

2017 年 8 月，国家发展改革委、商务部、中国人民银行、外交部发布了《关于进一步引导和规范境外投资方向的指导意见》，提出"限制境内企业开展与国家和平发展外交方针、互利共赢开放战略以及宏观调控政策不符的境外投资，包括房地产、酒店、影城、娱乐业、体育俱乐部等境外投资"。

2018 年 2 月 11 日，国家发展改革委发布了《境外投资敏感行业目录（2018 年版）》，需要限制企业境外投资的行业有房地产、酒店、影城、娱乐业、体育俱乐部以及在境外设立无具体实业项目的股权投资基金或投资平台，自 2018 年 3 月 1 日起施行。

蚂蚁集团上市被叫停是一起国家监管金融企业的案例。蚂蚁集团起步于 2004 年诞生的支付宝，是阿里巴巴旗下的小微金融集团，有支付宝、余额宝、招财宝、蚂蚁聚宝、网商银行、蚂蚁花呗、芝麻信用、蚂蚁金融云、蚂蚁达客等业务板块。2020 年 7 月，蚂蚁金服正式更名为蚂蚁集团。

2020 年 10 月，蚂蚁集团刊登招股书文件，计划于 11 月 6 日在上海证券交易所 A 股和香港证券交易所 H 股同步上市。

11 月 2 日，中国人民银行、中国原银保监会、中国证监会、国家外汇管理局对蚂蚁集团实际控制人马云、董事长井贤栋、总裁胡晓明进行了监管约谈。

11 月 3 日，上海证券交易所发布关于暂缓蚂蚁科技集团股份有限公司科创板上市的决定。同日，蚂蚁集团宣布暂缓 A 股和 H 股上市计划，退回 IPO 股款。

12 月 26 日，中国人民银行、中国原银保监会、中国证监会、国家外汇管理局对蚂蚁集团进行约谈，督促指导蚂蚁集团按照市场化、法治化原则，落实金融监管、公平竞争和保护消费者合法权益等要求，规范金融业务经营与发展。

2021年4月12日，中国人民银行、中国原银保监会、中国证监会、国家外汇局等金融管理部门再次联合约谈蚂蚁集团。

2023年1月，马云在蚂蚁集团的投票权从53.46%下调为6.2%，阿里巴巴或任何其他股东均不控制蚂蚁集团。

2023年7月7日，国家金融管理部门对蚂蚁集团及旗下机构处以罚款（含没收违法所得）71.23亿元。

金融关系国民经济发展，影响国计民生和国家稳定，所以国家监管，控制风险，维护国家利益。无论企业的商业目的和行为是什么，企业家都应该高度谨慎，切勿触碰国家利益这条红线。

对企业内部，企业家要善于洞察已发生的问题和可能会发生的情况与其他方面的人、事、制度等有什么关联，然后找出系统解决问题的方法，而不是"头痛医头，脚痛医脚"。优秀的领导者应具有对环境的敏感性，随时关注冲突发生的可能，洞察其内在及潜在原因，预测可能发生的结果，控制和减少不良冲突的产生、激化，解决冲突所暴露的问题。张瑞敏能够创立出"日事日毕、日清日高"的OEC管理法、海尔文化激活"休克鱼"法、"人单合一"模式，都离不开其过人的悟性。悟性常常是在实践中锻炼出来的。创维集团的黄宏生当年正是经历了销售总经理率众出走的事件，觉悟到原来的管理模式存在不足，已经不符合公司的发展需求，后来才坚持实行企业改革，推行职业经理人的奖励制度。显然，企业家的悟性影响企业的发展命运。

（六）学习能力

学习能力就是指通过观察、参与体验、学习新知识和技能，从而改变和丰富已有的知识结构的能力。一个人的知识结构会影响其思考能力、判断能力，甚至思维方式，即看待事物的角度、方式和方法。这些对人们的言行起决定性作用。学习能力是一个人所有能力的基础。知识是随着社会的不断发展而积累形成的，因此，知识具有时间性和不断更新替代的特征，所以也有过时的时候，但"开卷有益"在任何时候都不会过时，人只有不断学习，才能与时俱进，不被社会淘汰。由于企业家是企业掌舵人，其负责的工作涉及整个企业的运作系统,而企业的整个运作系统包括产品研发、销售、生产、仓储物流、财务、人力资源和行政事务等。这些职能所涉及的知识和技能面广,而且跨度大。企业的规模越大,对企业家的知识掌握程度和学习能力的要求就越高。企业家对这些知识和技能掌握得越快越好,对经营管理企业的帮助也就越大。但事实上,许多企业家原来主要从事销售或者是生产技术方面的工作,他们只拥有销售或者生产技术方面的知识和技能,而且通常只是部门负责人,更何况有些企业家的学历并不高。在这种情况下,当他们领导一家企业时往往会缺乏相关的知识、技能和经验,从而会影响到企业家的管理成效和企业业绩。当今社会已进入信息技术时代,知识经济正迅速崛起,适逢世界正经历百年未有之大变局,全球政治经济格局面临大动荡和加速重组之态势,不稳定性与不确定性大幅上升。这让企业家面临着更严峻的挑战,而学习是有效应对挑战的法宝之一。学习能力是企业家提升其他一切能力的基础,只有通过学习,丰富自己的知识,才能更清楚地知道应该做什么,才能有效地提升各项能力。企业家自身不仅要加强学习,而且还要带动企业成为学习型组织,提升企业竞争力。

改革开放后的第一代企业家在创业时平均学历并不高,但这并不妨碍他们所领导的企业后来成为行业的翘楚,原因是他们一直保持学习的心态,一直没有停止过学习的步伐。学习所得的知识帮助他们不断提升综合能力,进而提升了企业的竞争力。其中有两个杰出的代表,分别是万向集团的鲁冠球和海尔集团的张瑞敏。

鲁冠球虽然只有初中文化,却将一个生产农业机械的小作坊发展成为一家全球知名的汽车配件集团公司,书写了一个农民的传奇成长故事。这与他与时俱进、持之以恒、刻苦谦卑的学习态度分不开。

万向集团的官网是这样介绍企业创始人的:鲁冠球,1944年生于浙江杭州,1962年自主创业,1969年创建万向。他以"奋斗十年添个零"年均25.89%的增长业绩,把万向从一家打铁铺经营成第一个进入美国市场的中国汽车零部件企业,并积极投资发展清洁能源产业,实现全球制造、全球运营。曾先后当选党的十三大、十四大代表,第九、第十、第十一届全国人大代表,先后被党和国家授予全国劳动模范、"时代领跑者——中华人民共和国成立六十周年最具影响的劳动模范"、改革先锋、最美奋斗者等荣誉称号，被追授全国优秀共产党员。

1945年，鲁冠球出生在浙江钱塘江边的一个乡村，父亲在上海一家医药厂工作，收入微薄，他和母亲生活在农村，日子过得很艰难。15岁时，读初中的他被迫辍学，到浙江萧山县（现萧山区）铁业社当打铁学徒。3年后，鲁冠球因企业精减人员而下岗，但这并没有令他消沉，失去自信。1969年，24岁的鲁冠球终于等来了机会。当时，国家批准每个人民公社可以开办一家农机厂，得知这一消息后，他变卖了全部家当，筹集了4000元，带领6个农民，创办了宁围公社农机修配厂。鲁冠球精准把握当时的政策精神及行业发展趋势，从1980年开始专门生产万向节。1984年，万向成为第一家产品进入美国通用汽车公司配套生产的中国汽车零部件生产商，万向产品自此走出国门。在那个年代，鲁冠球算是最早对企业具有产权意识的企业家之一，一早就着手推行企业的产权清晰化，为万向未来的发展扫清了体制上的障碍。1983年3月，为了获得自主经营的权力，鲁冠球以自家价值2万多元的苗木作抵押，承包了厂子。同时万向也开始了多元化布局，生产各种汽车零部件。1984年，鲁冠球以企业名义打报告，要求实行股份制，未获批准，他就改变方法，以内部职工方式入股。

1994年，鲁冠球创办的集团核心企业万向钱潮股份公司上市。万向集团也随之成为第一家上市的乡镇企业。万向钱潮上市后，万向集团在资本市场上便开始高歌猛进。通联资本、万向三农、万向控股、万向财务等"万向系"企业先后成立。

1999年，万向集团开始布局清洁能源，大力发展电池、电动汽车、天然气发电、风力发电等产业。今天能源产业发展的前景足以证明万向20多年前做出的这项战略性决策的前瞻性，令人不得不佩服鲁冠球的战略眼光。鲁冠球早已开始走上了国际化之路。1994年，在芝加哥成立了万向美国公司，成功收购了英国AS公司、美国舍勒公司、ID公司等多家海外公司。同时，"万向系"金融的版图也延伸到海外。2001年，万向美国公司拿下美国霍顿保险的控制权；

2014年，万向美国公司与李嘉诚之子李泽楷经过19轮竞价后获胜，将美国菲斯科收入囊中，并成立了超豪华电动车Karma公司。

在企业接班人的传承方面，鲁冠球早就未雨绸缪。鲁冠球有一个儿子和三个女儿，对于小儿子鲁伟鼎，鲁冠球一直寄予厚望。鲁伟鼎在高中时期就被"扔"到新加坡读书，不满20岁的鲁伟鼎回国后，被安排到集团的各种岗位轮岗。1994年，24岁的鲁伟鼎升任万向集团总裁，大女儿鲁慰芳负责万向北京公司，二女儿和其丈夫韩又鸿也在集团内部负责万向资源运作。韩又鸿目前是万向集团上海公司的总裁，同时负责新加坡分公司。可以看出，鲁冠球的传承布局为协作接班模式，将儿子培养为合格的接班人后，由其掌舵，女儿女婿齐上阵，共同接班庞大的家族产业。

2017年10月25日，一代乡镇企业家鲁冠球离世，享年72岁，走完了他传奇的一生。回顾鲁冠球的一生，可以说其发展轨迹和当今中国的企业发展史几乎同步：中国最早的公社企业，中国最早的乡镇企业，中国最早走出国门的乡镇企业，中国最早上市的民营企业。作为第一个吃螃蟹的人，他带领万向集团从无到有，从小到大，见证了中国企业从弱到强，也见证了中国改革开放的非凡成就。

从1969年在钱塘江畔创办宁围公社农机厂开始，历经48个春秋，到2017年，万向集团控股4家上市公司、手持10余张金融牌照、拥有30家海外企业和40家海外工厂，年收入超过千亿元，拥有4万多名员工，拥有国家级技术中心、国家级实验室、博士后科研工作站，发展成为国家520家重点企业和国务院120家试点企业集团之一。半个世纪的时间，鲁冠球打造出了一个商业帝国，而令后人缅怀的远不止一个商业帝国的掌舵人，更是鲁冠球作为改革开放的代表，其无与伦比的勇气、视野、格局以及永不止步的企业家精神。

相对于同时代的其他企业家，鲁冠球还有一个与众不同之处，就是他在理论上也有很大的发展和贡献。通过几十年如一日的刻苦学习，他撰写了大量的理论文章，已有60多篇论文在《求是》《人民日报》《光明日报》《经济日报》等报纸、杂志上发表，被誉为"农民理论家"，获得了高级经济师和高级政工师的职称，还被香港理工大学授予荣誉博士。

海尔的张瑞敏在管理模式上的创新赢得了国内外管理界的赞誉，如 OEC 管理模式、"市场链"管理、海尔文化激活"休克鱼"法、"人单合一"模式。这些管理模式的创新成就，使张瑞敏获得了国内外管理领域的杰出奖项。张瑞敏先后应邀到哈佛大学商学院、西班牙 IESE 商学院、瑞士 IMD 商学院等国际知名学院演讲。张瑞敏能从实践上升到理论，并取得如此成就，在当代中国企业家当中可谓凤毛麟角。

无论是鲁冠球还是张瑞敏，他们都坚持边干边学，从实践中不断总结理论，最终不仅使自己得到了升华，而且使企业受益，成为企业家中的佼佼者。他们都是令人肃然起敬的一代企业家，不仅是值得学习的榜样，而且是当代中国企业家的骄傲。

华为能够得到快速发展也得益于任正非对学习的深刻认知。

2019 年 2 月 18 日，英国广播公司（BBC）播出了对华为创始人兼 CEO 任正非的专访。任正非发表了对于学习的看法，他表示华为受这两方面文化的影响：一是学习英国把主干文化管得很清晰、很标准的文化；二是学习美国把末端管得很开放的文化，允许开放、允许竞争，不把规范做得很细致。基于此，华为把大制度管得很死，到末端百花齐放，允许规模化发展，使得华为公司既有序，又民主、自由。在外界看起来，这是个奇迹。

2020 年 3 月 24 日，任正非在接受《南华早报》的采访时表示，"如果我们不想死，就要向最优秀的人学习；即使对方反对我们，我们也要向他学习，否则怎么能先进呢？科技公司不先进就一定会死掉。因此，不想死就要努力学习。不能有狭隘主义，还是要认真向美国学习，因为它最强大。"

他认为，华为生存下来的唯一办法就是向一切先进的老师们学习，"三人行，必有我师"，少于三人也有我们的老师，应该向他们学习，将来才会有继续前进的可能性。狭隘的民粹主义、狭隘的民族感情会导致我们落后。

活到老学到老，学习没有年龄与职业之分。下面给大家讲一个从赛场上拼搏的运动员转变为一个学习型企业家的励志故事。

中国著名男子体操运动员、世界冠军、奥运冠军，被称为"体操王子"的李宁，在 17 年的运动生涯中一共获得了 14 个世界冠军，106 枚国内外体操比赛金牌。当时中国运动员的装备都使用外国的品牌。因此，李宁就想去实现他在当运动员时的一个梦想：创建中国自己的运动品牌。1990年，李宁在广东三水创立了体育运动品牌李宁。同年，"李宁牌"运动服被选为第十一届亚运会（在北京举行）圣火传递指定服装、中国国家代表队亚运会领奖服装以及中外记者指定服装。从此，"李宁牌"随着亚运会的举行而逐渐广为人知。为了继续提高品牌的影响力，从1992年起，"李宁牌"在连续4届奥运会上担任中国奥运代表团的领奖装备赞助商。为了企业未来能够获得更好的发展空间，李宁公司在1993年迁到了北京。这是李宁公司的一次战略性转移。1998年，在广东佛山建成国内首家运动服装与鞋产品设计开发中心。在事业上已经有所成就的李宁，为了丰富自己的知识，拓宽视野，打开思路，以便在实践中更全面、更客观地看待市场和机会，更好地发展企业，他决定到北京大学法学院学习法律，后来取得了法学学士学位。但他并没有就此停止对知识的追求，停止学习的步伐。2004年，李宁继续在北京大学光华管理学院攻读高级管理人员工商管理硕士（EMBA）。也是在这一年，李宁公司在香港联合交易所主板成功上市，成为内地首家在香港上市的体育用品公司。对于学习的收获，李宁认为在学习了企业管理及对西方规模企业进行了解后自己产生了对于组织的认识，并针对组织能力形成量化标准，建立最基本的公司治理结构、流程管理、目标管理和支持系统等，且引导公司团队成员通过不断学习达成共识，形成学习型组织。这跟他自己在北大读EMBA有很大关系。李宁把体育场上拼搏进取的竞技体育精神带到了学习上面，在人生的另一个赛道上继续奋斗，向世人展示出一个曾经的运动员对知识的追求。这也是他从"体操王子"李宁转变为企业家李宁的一种推动力。

相对于早期的企业家鲁冠球、张瑞敏、任正非、李宁等，年轻一辈的中国企业家依然不乏积极学习的进取者，例如国内知名的安全软件企业北京奇虎科技有限公司创始人、董事长兼CEO周鸿祎，在2023年6月27日的微博上晒出了他的清华大学录取通知书，录取通知书显示53岁的周鸿祎被清华大学计算机科学与技术系电子信息专业录取，攻读博士研究生（非全日制、定向就业）。

虽然学无止境，但对知识的学习也要有的放矢，企业家应将需要学习的知识分主次和先后，根据自己的工作对知识、信息的需求情况来制定自己的学习计划，选择相关必要的课程，而不是囫囵吞枣。有些知识只要了解就行了，而不需要精通。因为企业家还要考虑自己的时间和精力。

学习能力不仅体现在对具体知识内容的学习上，还体现在对学习方法的掌握上。学习的方式有阅读书本；参加有学位的课程或相关培训课程；参观企业、交流学习别人的经验；通过互联网获取知识与信息；虚心与学识渊博、经验丰富或某方面比自己强的人交流沟通，取长补短；定期外出考察市场，直观获取市场变化信息。企业家学习的最终目的就是通过学习将知识、经验和内外部环境信息与自己和企业的实际情况结合，通过思考和感悟，转化为提升自己各项能力和企业竞争力的动力源泉。

个人或组织竞争力水平的高低通常取决于学习能力的强弱。创新是提升企业的核心要素，然而，创新来源于知识，知识最终来自人。因此，企业要打造学习型组织，善于学习，快速学习，与时俱进，与竞争对手比学习速度，才能提升企业的竞争力。所以，企业家应该以最快速度、在最短时间内把学习到的新知识、新信息用于企业的变革与创新，以不断满足企业的发展需要。

三、情商（EQ）

情商（EQ）是指人在情绪、情感、意志、耐心、承受挫折等方面的品质，由自我意识、自我管理、自我激励、认知别人的情绪和处理人际关系构成。情商主要反映一个人感受、理解、运用、表达、控制和调节自己情感的能力，以及处理自己与他人之间的情感关系的能力。情商高的人表现出谦虚、自信和积极乐观的人生态度，拥有较强的自我意识，能清醒地把握自己的情绪并进行自我调节，能够敏锐感受到别人情绪的变化并进行换位思考，拥有良好的人际关系，而且心理承受能力强，面对困难时不气馁。情商反映社会人的社会生存能力。情商会影响智商的发挥。美国哈佛大学心理学博士丹尼尔·戈尔曼通过科学论证得出结论：智商最重要的传统观念是不准确的，情商才是人类最重要的生存能力；人生的成就至多 20% 可归诸智商，另外 80% 则要受其他因素（尤其是情商）的影响。情商是决定人生成功与否的关键之一。

情商并非今天才显得重要，在《三国演义》第二十一回曹操煮酒论英雄中，曹操对刘备说过这样一段话："龙能大能小，能升能隐；大则兴云吐雾，小则隐介藏形；升则飞腾于宇宙之间，隐则潜伏于波涛之内。方今春深，龙乘时变化，犹人得志而纵横四海。龙之为物，可比世之英雄。"寓意为人要见机行事，顺势而为，识时务者为俊杰，大丈夫能屈能伸，方能成就大事。这也是对情商的一种阐释。在群雄并起的三国时期，涌现出了许多风云人物，不少名将谋士还被后人常常称颂，其中魏国的司马懿是曹操以上论述最适合不过的代表。曹操手下不乏能人，才华出众的杨修是其中之一，但杨修最后被曹操以"前后漏泄言教，交关诸侯"等罪名下令处死。与杨修同为曹操幕僚的司马懿却有着不同的命运。司马懿是曹魏四代君王倚重的大臣，而司马懿父子三人也相继专门擅长于曹魏朝政。这足可见司马懿的过人情商与不凡才华。后来司马懿通过起兵发动了高平陵事变，进一步掌控了曹魏的军政大权，自此开始了司马氏专政。在夺取权力方面，司马懿之孙司马炎更是青出于蓝而胜于蓝，直接逼迫魏元帝禅让帝位给他，改国号为晋，建立了西晋王朝，导致曹魏灭亡，后来更是灭了东吴，一统天下。

情商越来越多地被应用在企业管理学中。对于组织领导者而言，情商是领导力的重要构成部分。领导人都具备影响别人情绪的力量，杰出的领导人对情绪在工作场合中扮演的重要角色有深入领会，他们不仅可以运用情商达到提升企业绩效、留住人才等有形的收获，还能得到许多重要的无形收获，如提高士气、冲劲及责任感等。

由于企业家是企业的"一家之主"，所以肩负的责任重大，压力也大，既要应对外部复杂的社会关系，也要妥善处理企业内部的员工关系。在对外关系方面，由于中国历来是一个重人情关系的社会，所以"关系"的观念早已渗透到社会的方方面面。企业家在社会上通常属于高情商的群体，所以在处理人际关系方面，长袖善舞者比比皆是。但也存在风险，处理人际关系不是吃吃喝喝这么简单，如果有"寻租"行为，就会存在法律风险。在企业内部，高情商有助于企业家提升领导能力，有效管理员工，提高团队协作精神，促进企业发展。在创业期，资金、技术、人才、市场等资源都不足的情况下，企业家面临创业失败的风险，压力之大可想而知，需要有坚定的意志、强大的忍耐力和挫折承受力。可见情商对于企业家的重要性不言而喻。自我激励是企业家在创业过程中常用的方法，要调动自己的积极性和创造力，克服困难与挑战，实现创业目标。中国企业家更应在自我意识和自我管理方面修炼情商。

（一）自我意识

自我意识是一个人对自己的认识和评价，对自己与外部世界之间的关系的认识，包括对自己的生理状态、心理状态、人际关系和社会角色的认知。具体而言，自我意识主要分为三方面：一是自己对自身生理状态的认识和评价，包括对自己的体重、身高、身材、容貌等体像和性别方面的认识，以及对身体的痛苦、饥饿、疲倦等方面的感觉。二是对自身心理状态的认识和评价，包括对自己的能力、知识、情绪、气质、性格、理想、信念、兴趣、爱好等方面的认识和评价。三是对自己与周围环境之间的关系的认识和评价，包括对自己在一定社会关系中的地位、作用，以及对自己与他人关系的认识和评价。

企业家的自我意识可以分为个人、企业和社会三个不同层面。

首先是个人层面的认识。企业家不仅需要关注自己的身体健康状态，而且要正确认知自己的知识结构、能力、品德、行为等方面，对缺乏或不足的部分进行完善或提升。"我是谁"这个问题虽然简单，但并不代表每个人都能正确回答。人们往往习惯去评价，甚至指责别人，却缺乏自我反省，只有具备正确的自我认知和客观的自我评价，才能让我们知道自己的长处和不足，才能让我们扬长避短并针对不足之处进行自我提升与完善，才能让我们清楚如何处理自己与他人的关系、明白自己在组织中应该扮演的角色及所能起到的作用。如果一个人不能正确认识自己，看不到自己的优点，就容易产生自卑心理，缺乏自信。相反，如果高估自己，则容易刚愎自用，骄傲自大。"知人者智，自知者明"，自我认知不仅是自己对自己的认识和评价，还要综合别人对自己的评价，进而客观、全面地评价自己。只有清楚、正确地认识自己，才能更好地把握自己的命运。

其次是企业家对企业层面的认识。企业在不同的发展阶段，要求企业家所扮演的角色和具备的素质能力也有所不同。有些企业家在自我认知这方面的能力欠缺，既没有认识自己的意识，也没有对自己进行正确的评价，未能找见自己的不足并及时进行弥补，所以在企业发展速度越快、规模越大的时候，出现的问题也越多。到后期，知识不足、能力低下、身体健康等因素使他们感觉到力不从心。随着年龄的增长，企业家的身体健康状态不如年轻时，力不从心的状态会加重。不同的职位，需要不同的能力。一个能统率千军万马的将军并不一定同时是一位百发百中的神枪手，甚至可能连一位普通战士的枪法都比不上。有的企业家既是董事长，又是总裁或总经理。但事实上，有的企业家只适合当董事长，因为自身能力水平不适合当总裁或总经理。企业家处于组织的金字塔顶尖，如果对自己定位错误，坐了不该坐的位置，导致角色错乱，对企业的危害是难以估量的。所以企业家要正确认识自己的能力，要在企业发展的不同阶段清楚自己担任什么职位最合适。即使企业家有能力、时间和精力胜任一些工作，也并不代表企业家就一定要自己去做，有时候让他人去承担，效果会更好。这样既给别人锻炼的机会，也让其觉得被尊重和信任，还有助于增强企业的凝聚力。企业家可以做更重要的事情，实现共赢。例如自1991年万科在深圳证券交易所正式挂牌上市后，王石历任公司董事长兼总经理，在1999年2月辞去总经理职务，只担任董事长；华为的任正非不担任EMT主席，实行EMT轮值制，以及后来的CEO和董事长轮值制，因为他当年在小灵通、手机和CDMA等业务上的决策失误而使华为一度陷入了困境，这让任正非强烈意识到一个人决策的风险性，所以推行轮值制就是为了避免再次因个人决策失误而给公司带来风险。企业家还需要清醒、正确地认识企业拥有的资源和自身能力，不能盲目扩张，追求企业规模，否则很容易让企业陷入万劫不复的深渊。

最后是企业家对社会层面的认识。无论是企业家个人还是企业，都是社会的构成部分。遵纪守法经营企业是企业家应该履行的社会责任之一，他们还要参与社会公益事业。企业家要具有创新、诚信守法、责任心、爱国的新时代企业家精神，要树立遵纪守法、热心公益、爱国爱家的正面社会形象。习近平总书记在 2020 年 7 月 21 日的企业家座谈会上指出："企业营销无国界，企业家有祖国。"优秀的企业家必须对国家、对民族怀有崇高使命感和强烈责任感，把企业发展同国家繁荣、民族兴盛、人民幸福紧密结合在一起，主动为国担当、为国分忧。因此，企业家必须正确认识自己在社会层面肩负的责任。

（二）自我管理

自我管理是情商的另一个重要方面。自我管理是指一个人对自己的思想、心理、行为和目标等进行管理。自我管理能力包括自我规划能力、自我执行能力、自我调控能力、自我反思能力和自我修正能力。当人具备了一定的自我意识和能力后，自我管理就产生了，只不过由于人的自我管理意识和能力存在差异而容易被忽视。一个人的成功可能源于许多方面的因素，但自我管理是不可缺少的一部分。因为这是成功的基础。

企业家的自我管理主要体现在思想、行为、时间、健康等方面。企业家从创业开始就管理公司，久而久之，在意识和行为上习惯了管理别人，却对管理自己意识淡薄。一位优秀的企业家，不但要具有管理好员工的能力，而且要具有出色的自我管理能力。企业家能把自己管理好，也有助于管理他人。企业家需要管理自己的思想、情绪、时间、目标、工作计划和行为等方方面面。企业家管理不好自己的情绪，就会影响决策和工作效率，将坏情绪传递给员工，员工同样会再传递给他人，就会造成更大的负面影响。工作没有计划性，不仅会影响自己的工作效率，同样会影响公司的效率。老板的行为不端正，没有起到以身作则的作用，其影响力就会大打折扣。正所谓正人先正己，律己方能律人，"打铁要靠自身硬"，一位成功企业家在自我管理方面必然有过人之处。鲁冠球的自我管理很严格，再忙也要每天抽出一两个小时读书、做笔记。他长期保持的工作习惯是：5 点 10 分起床，6 点 50 分到公司，18 点 45 分下班回家、吃饭，19 点开始看新闻联播、焦点访谈，20 点处理白天没忙完的文件，21 点开始看书看报，22 点 30 分有点困了，冲个澡然后继续学习，零点准时睡觉。

企业家在自我管理上要关注的重点有五个方面：①自我规划能力。企业家要根据企业的不同发展阶段规划好自己相应要实现的目标与计划，包括个人领导能力的提升、学习目标、企业交接班的人才培养。②自我执行能力。企业家要把想法付诸实践，将自己制定的各项目标与计划变成实际行动，然后把行动变成结果，而不是空中楼阁。③自我调控能力。企业家要具有管理和控制自己的情绪和注意力等心理活动的能力，并根据不同的情景及时调整，避免产生负面影响，以保障有效实现个人目标。④自我反思能力。企业家要养成自我反思的习惯，每天抽时间思考自己的思想、行为和决策，这样能够及时发现不足，有利于改正和完善。⑤自我修正能力。企业家要具备在日常工作中发现自己的错误并及时加以修正的能力。这样不仅可以避免不必要的损失，还可以不断提升自身的能力。

第五章 健康商数

> 本章以健康商数的健康意识、健康知识和健康能力为基础,分析企业家健康商数与企业发展及企业家创业的关系。

一、健康商数的内涵

健康商数(Health Qaotient,HQ),是指一个人已具备和应具备的健康意识、健康知识和健康能力,强调要有维护自身健康的意识、知识和理念,还要有维护身体健康的行动能力,包括坚持锻炼身体。身体是革命的本钱,健康是人一生最大的财富,也是幸福的基础。失去健康,其他的一切都是空谈。因此,只有保持身体健康,才能够更好地工作和生活。随着社会的发展,人们的工作和生活节奏不断加快,压力随之而增,导致人们经常徘徊于健康和疾病之间,处于亚健康状态。造成亚健康的主要原因是饮食不合理、作息不规律、睡眠不足、精神紧张、心理压力大、长期情绪不良等。亚健康逐渐成了当今的一种通病,有些人被各种疾病困扰着,严重的甚至英年早逝。

人想长寿,首先要身体健康,那就要增强健康意识,认识到健康的重要性,增强保持健康的自觉性。只有掌握有关健康的知识,才能够更好地了解自己的身体、心智和精神健康状况,才能够更好地对自己的健康进行有效管理。换而言之,人掌握的健康知识越多,越有利于自己的健康管理。众所周知,一个人身体健康的前提条件是饮食有节、起居有常、身心健康和坚持运动。饮食有节和起居有常与个人的生活习惯相关,不能暴饮暴食,要保证睡眠充足,生活有规律。身心健康则关系到一个人的价值观与社会关系。价值观影响人的思想、行为和精神状态。简而言之，价值观会影响人的心情。医学上所讲的"病由心生"也就是说人的情绪与疾病有着密切的关系，情绪会影响人的健康。根据中医理论，人的情绪与人体的心、肝、脾、肺、肾等器官存在关联关系。例如，喜则伤心，怒则伤肝，惊恐则伤肾，悲恐伤肺，忧思则伤脾。因此，克服焦虑、烦恼、着急、担心、仇恨、生气、愤怒、压抑、痛苦、哀伤、狂喜等情绪对人们保持健康至关重要。

我国古代人对健康的关注从如今依然传承的习俗及古代典籍中可见一斑。每逢春节，人们在贴春联时，喜欢贴"五福临门"，寓意来年吉祥、幸福和长寿。"五福"出自《书经·洪范》："一曰寿、二曰富、三曰康宁、四曰攸好德、五曰考终命。"也就是长寿、富贵、康宁、好德、善终，其中长寿是指命不夭折而且福寿绵长；康宁是指身体健康而且心灵安宁；善终是指人在生命的最后时刻，没有遭受横祸，身体没有病痛，心里没有牵挂和烦恼，能够平静、安详、自在地离开人世。长寿、康宁和善终都与健康有关。因此，"五福临门"也寄托着人们对健康的一种希望。在关注身心健康方面，北宋范仲淹的《岳阳楼记》中提出"不以物喜，不以己悲"的观点，倡导人们不要因为外物美好而喜悦，也不要因为自己失意落魄而感到悲伤，鼓励人们在不同的情境下保持冷静和平静，保持心态上的平衡和超脱。道家创始人老子在《道德经》中推崇"清静无为"的养生之道，提倡心灵虚寂，坚守清静，复返自然。在饮食方面，明代医学家龚廷贤根据自己多年从医治病、保健养生的实践经验，在《摄养诗》中提出了"食惟半饱无兼味，酒止三分莫过频"。意思就是膳食要规律，营养要均衡，食勿过量，饥饱适中，味勿厚重，清淡适宜，饮酒宜少，切莫贪杯。良好的睡眠也是健康的关键保障，宋代诗人裘万顷在他的《午睡》诗中说："午窗春日影悠悠，一觉清眠万事休。"原意是午后阳光透过窗户，映照在春日的房间里。沉睡过后，一切烦恼都消失了。这是说午睡不仅能够消除疲劳，还有益于身心健康。此外，《黄帝内经》中所记载了"五劳所伤"：久视伤血，久卧伤气，久坐伤肉，久立伤骨，久行伤筋。正如古人常说的"积劳成疾，五劳最易伤身"。可见，五种过度劳累的致病因素会对五脏（心、肝、脾、肺、肾）和五体（肢体的筋、脉、肉、皮、骨）产生影响。具体而言，久视，则伤害心所主管的人体血脉。长时间看书报、电视、电脑、手机，容易引起眼睛疲劳，出现双目干涩、视力下降、头晕眼花、心悸失眠等血虚症状。因此，不可长时间、过度用眼。久卧，则伤害肺所主管的人体的正气。长期卧床、过度睡眠又会使人气血不畅，脏腑功能减弱，出现精神不振、身倦乏力、食少纳呆、头晕气短等气虚症状。久坐，则伤害脾所主管的人体的肌肉，会直接使人体气血津液运行癖滞，肢体肌肉失其所养，出现肌肉消瘦、萎缩，肌力减退等症状。久立，则伤害肾所主管的人体的骨骼，长时间的站立，会引起骨骼与关节过劳，颈项背腰疼痛、下半身气血运行迟滞，出现腰酸背痛，腿软足麻等症状，严重者还会使骨骼与关节发生病变，出现功能障碍，甚至导致畸形。久行，则伤害肝所主管的人体的筋脉，长时间行走，会使筋脉处于一种紧张和疲劳状态，容易使关节周围的韧带筋腱组织受到扭伤或劳损，也就是容易拉伤，如脚扭伤、膝关节损伤等。视、卧、坐、立、行是人体生命活动中的五种基本体态，不能过静过逸，也不能过动过劳。过静过逸，久卧、久坐则气血不流通，会伤及人身；过动过劳，久视、久立、久行，超出了人体的正常调节和耐受范围，亦会损伤人体。所以，人的生命活动要动静适宜，劳逸结合，才能健康长寿。

以上养生之道流传至今，仍被奉为圭臬，可见其为真知灼见。古人在养生方面已经积累了不少经验，我们要善于学习采纳，保持健康。

二、健康商数与企业家

健康商数对企业家而言至关重要，而且会影响企业家对企业的经营管理成效。在企业家领导力三角模型理论中，企业家的身心健康状况会对企业家精神和领导力两个因素的效能发挥状况产生影响，而企业家精神和领导力是直接影响企业家经营管理企业成效的两个重要因素。基于这样的逻辑关系，可以说，企业家的健康商数会影响企业的绩效与发展。

一个企业家的成功是由多方面因素促成的，从个人方面来看，除了机遇、敬业精神和知识能力等因素外，拥有健康的体魄也是至关重要的。企业家只有身体健康、精力充沛、头脑清醒、思维敏捷，才能保障日常工作的时间和精力，才能提高决策的正确性和工作效率。

有些企业家经常处于奔波劳碌、心理压力大、饮食和作息不规律的状态，导致身体透支。这种状况日积月累的结果就是身心疲惫而诱发病症，常见的病症有神经衰弱、高血压、冠心病、痛风、糖尿病和脂肪肝等。过度的劳累只会使这些疾病变得日益严重。当对生命的透支超过极限时，便会发生猝死。

在生产力的三个要素中，劳动者是第一要素，是最具有能动性的、在生产力中起主导作用的要素。企业家属于生产力要素中的劳动者要素，是社会的稀缺资源。企业家创造了企业，而企业在国民经济发展中具有中流砥柱的作用。企业家对社会经济发展的重要性在前面的章节已经论述过了，此处不再赘述。目前，许多关于企业家的研究主要聚焦于企业家精神、技能与能力对企业的绩效与发展所产生的影响，而关注企业家健康状况对企业发展的影响的研究比较少。事实上，企业的良好发展离不开企业家的健康体魄。许多已经发生或正在发生的案例已经证明了这一点。企业家的健康状况对企业的影响主要体现在企业发展和企业家创业两个方面。

（一）企业家健康商数与企业发展

企业家自身的健康状况不仅仅是个人的问题，其对企业发展同样具有重要影响。企业家经常面临工作压力大的情况。工作压力大自然会加重心理负担，长此以往，尤其容易引发抑郁症，而被列为自杀首位原因的就是抑郁症，媒体报道中企业家猝死或自杀的个案也时有发生。西方传承学者认为，最后破坏企业延续的，往往是企业的创始人。企业家出现猝死、自杀、意外死亡、入狱、"跑路"等情况，都会直接影响企业的命运。虽然企业家健康不代表企业一定会健康，但是企业家不健康就一定会影响企业的健康发展。例如，苹果公司创始人史蒂夫·乔布斯当初传出得癌症的消息后，苹果公司的股价一度下跌，而且给整个产业蒙上了阴影。美国当地时间 2011 年 10 月 5 日乔布斯去世，苹果公司股票临时停牌，以免股价出现大幅度波动。第二天美国股市开盘后，苹果公司的股价在经历开盘微跌 0.2% 之后，随即走出小幅上涨的趋势。苹果公司的竞争对手三星、LG 电子的股价大涨。可见乔布斯的健康问题不仅影响到公司的业绩，而且影响到整个行业。这警醒企业家，为了自己、家庭和企业，要时刻关注自己的身心健康。

企业家的身体健康状况不仅会影响企业业绩，还会影响企业的未来发展。如果企业家因病而不能正常工作，就会影响企业的正常决策和运作，特别是在没有完成企业领导人交接班，甚至是完全没有准备过相关工作的情况下，企业家出现病倒、猝死或意外身亡等，更不利企业的未来发展。国有企业由于性质与民营企业不一样，所以基本上很少发生因为企业家的身体健康状况严重影响企业发展的现象。

自1978年改革开放以来，经过40多年的发展，民营企业得到了蓬勃发展，并成为国民经济的重要组成部分，为中国经济的发展做出了重要贡献。民营企业的发展是企业创始人多年艰辛努力的奋斗结果，大多数企业创始人都是白手起家，凭着起早摸黑、勤俭节约、敢闯、敢拼、勇于创新的精神，才成就了今天民营企业的发展盛况。有些企业家因为长期过度劳累，身体严重透支而影响了健康，已出现了不少企业家猝死的个案，也有因为工作压力或债务压力导致精神抑郁而自杀的。不管企业创始人因何种原因而骤然离世，都会对企业的发展造成不同程度上的影响，比如企业领导人交接班还没有完成而影响企业的可持续性发展，或家族成员之间爆发争权夺利的矛盾而导致企业"震荡"不断。

从企业家本人传递出来的健康信息就可以对中国企业家的健康状况有个大概了解。任正非在《一江春水向东流》一文中说，"大约在2003年前的几年时间，我累坏了，身体就是那时累垮的。身体有多项疾病，动过两次癌症手术，但我乐观"。假设任正非当时因为健康问题而不能到企业正常工作，甚至不能再为企业工作了，华为后来的发展是否还会是今天的样子？

2023年，媒体有关离世中国企业家的报道从一个侧面反映了这个群体的健康状况，杉杉控股有限公司创始人郑永刚和商汤科技开发有限公司创始人汤晓鸥是其中个案。

2023年2月10日，杉杉控股有限公司董事局主席，杉杉品牌创始人，国内最大、全球前三的锂离子电池材料供应商领军人物郑永刚在日本东京突发心脏病离世，享年65岁，身后留下未竟的百亿事业。

2023年12月16日，商汤科技开发有限公司发布讣告称，公司创始人、香港中文大学教授、著名人工智能科学家汤晓鸥因病救治无效，于2023年12月15日23时45分不幸离世。汤晓鸥是我国人工智能领域的杰出代表，中国AI领军人物。他的研究主要聚焦计算机视觉相关领域，包括多媒体、计算机视觉、模式识别及视频处理，被称为全球人脸识别技术的"开拓者"和"探路者"。汤晓鸥发明的人脸识别技术，是世界上第一个超过人眼识别能力的计算机算法，其在香港中文大学创办的多媒体实验室，2016年与麻省理工学院、斯坦福大学等一道入选"世界十大人工智能先锋实验室"，是亚洲区唯一入选的实验室。汤晓鸥团队在全球范围内做出了大量深度学习原创技术突破，仅2011—2013年间，在计算机视觉领域两大顶级会议ICCV和CVPR上发表了14篇深度学习论文，占据全世界在这两个会议上发表的深度学习论文总数（29篇）的近一半。2014年3月，汤晓鸥团队发布研究成果，基于原创的人脸识别算法，准确率达到98.52%，首次超越人眼识别能力（97.53%）。2020年，汤晓鸥入选"人工智能全球2000位最具影响力学者榜"。在技术转化为商业应用方面，汤晓鸥同微软亚洲研究院合作研发的图像识别技术已被用于微软图像搜索引擎，成为世界上第一项被用于大规模商业应用的图像识别技术。

根据媒体公布的信息，2023年中国内地和香港两地的著名企业家共有13人因病离世，分别是傻子瓜子创始人年广久（84岁）、杉杉控股有限公司创始人郑永刚（65岁）、三力士股份公司创始人吴培生（75岁）、浙江中马传动股份公司原董事长吴江（55岁）、山东嘉华生物科技股份有限公司原董事长吴洪祥（56岁）、祥生实业集团创始人陈国祥（73岁）、中国旅游集团中免股份有限公司原董事长李刚（56岁）、灵思云途营销顾问股份有限公司原董事长谭明（53岁）、信誉楼百货集团创始人张洪瑞（78岁）、汾酒集团原董事长李秋喜（63岁）、商汤科技开发有限公司创始人汤晓鸥（55岁）、成都万贯实业集团创始人陈清华（67岁）、稻花香创始人蔡宏柱（73岁）。他们的平均年龄为65岁，最小年龄为53岁，最大年龄为84岁。其中50~59岁的有5人，60~69岁的有3人，70~79岁的有4人，80岁以上的只有1人。根据国家卫生健康委员会在2022年7月5日举行的新闻发布会上公布的信息，目前我国人均预期寿命提高到 77.93 岁。2023 年离世的著名中国企业家的平均年龄是 65 岁，与我国平均寿命 77.93 岁相比，并不算长寿，而实际上目前我国能活到 80 岁以上的人不少见。

2023 年，媒体报道外国有 18 位资产在 10 亿~80 亿美元的福布斯全球亿万富豪离世，分别是埃及穆罕默德·阿尔·法耶德（Mohamed Al Fayed），享年 94 岁，身家 20 亿美元；意大利西尔维奥·贝卢斯科尼（Silvio Berlusconi），享年 86 岁，身家 69 亿美元；美国吉米·巴菲特（Jimmy Buffett），享年 76 岁，身家 10 亿美元；马来西亚曾立强（Chen Lip Keong），享年 76 岁，身家 13 亿美元；印度阿什温·达尼（Ashwin Dani），享年 80 岁，身家 80 亿美元；美国卡尔·德桑提斯（Carl DeSantis），享年 84 岁，身家 17 亿美元；马来西亚 G. 贾纳林甘（G. Gnanalingam），享年 78 岁，身家 14 亿美元；日本伊藤雅俊（Masatoshi Ito），享年 96 岁，身家 44 亿美元；印度米基·加提亚尼（Micky Jagtiani），享年 71 岁，身家 52 亿美元；美国谢尔登·拉文（Sheldon Lavin），享年 90 岁，身家 31 亿美元；美国托马斯·李（Thomas Lee），享年 78 岁，身家 20 亿美元；美国特德·勒纳（Ted Lerner），享年 97 岁，身家 66 亿美元；印度凯舒伯·马辛德拉（Keshub Mahindra），享年 99 岁，身家 12 亿美元；美国克莱顿·马蒂尔（Clayton Mathile），享年 82 岁，身家 23 亿美元；美国比利·乔·麦库姆斯（Billy Joe McCombs），享年 95 岁，身家 17 亿美元；美国戈登·摩尔（Gordon Moore），享年 94 岁，身家 68 亿美元；美国查尔斯·芒格（Charles Munger），享年 99 岁，身家 22 亿美元；美国山姆·泽尔（Sam Zell），享年 81 岁，身家 52 亿美元。他们的平均年龄为 86 岁，最小年龄为 71 岁，最大年龄为 99 岁，70~79 岁的有 5 人，80~89 岁的有 5 人，90~99 岁的有 8 人。

从以上在 2023 年离世的中外企业家的两组年龄数据对比可以看出，外国著名企业家的平均年龄比中国著名企业家多 21 岁，外国企业家最小年龄比中国企业家多 18 岁，中国企业家最大年龄是 84 岁，而且超过 80 岁的只有 1 人，而外国企业家 80~89 岁的就有 5 人，90~99 岁的有 8 人，最大年龄是 99 岁。由于以上信息可能存在不完整性，所以在中外企业家的长寿对比结果分析中会存在偏差，但我们可以从侧面去了解中外企业家在长寿方面存在的差异。

可喜的是，中国越来越多的企业家的健康意识不断提高。俞敏洪认为，不管你是为别人干活还是为自己干活，都要锻炼身体，身体健康才是最重要的。北京奇虎科技有限公司创始人、董事长兼 CEO 周鸿祎在 2023 年 11 月 21 日的微博上发表了做俯卧撑的图片，并留言说他最近在读博士，学校（清华大学）墙上写着"为祖国健康工作五十年"，谨遵校训，强身健体，再"炫"一组俯卧撑。

（二）企业家健康商数与企业家创业

企业家的健康状况不仅影响企业的发展命运，而且会对企业家创业产生重大影响。创业不仅需要技术、资金、人才、市场等资源，而且万事开头难，创业初期一切都是从零开始，工作量大，因此还需要创始人具有健康的身体应对高强度的工作和面临的各种困难。

四十而不惑，人到中年时应该具有事业基础了，然而任正非却在 43 岁才创立了华为公司，还有人在更大的年纪创业，比如褚时健。

在中国云南中部有一座山，叫哀牢山，位于玉溪市新平彝族傣族自治县（以下简称新平县）。这里是云贵高原和横断山脉的分界线，从昆明驱车到这里约 300 千米。在 2002 年前，可能许多人对哀牢山闻所未闻，但 2002 年后，因一位 74 岁的老人在此开始了二次创业，此山便开始广为人知了，正所谓"山不在高，有仙则名"。因为这位老人被称为"中国烟草业界的传奇人物，一家品牌价值 500 亿元企业的缔造者，一位中国企业史无法回避的企业家"，所以到 2017 年为止，万科集团创始人王石六次不远千里来登山拜访，其他一些企业家也曾慕名而来。这位令人敬重的老人就是云南红塔集团有限公司和玉溪红塔烟草（集团）有限责任公司原董事长、褚橙创始人褚时健。

褚时健于 1928 年 1 月 23 日出生在云南玉溪市华宁县矣则村的一个农民家庭。他年少时因家庭变故而帮助母亲挑起了家庭生活的重担，下河抓鱼、田间劳作、酒坊烤酒。1948 年离开昆明，随后，褚时健参加了革命，投身于解放战争。1949 年，他任原云南武装边纵游击队 2 支队 14 团 9 连指导员。1950—1957 年，他先后担任过征粮组组长、区长等职务。褚时健在 1958—1978 年曾担任新平县畜牧场、堵岭农场副场长，曼蚌糖厂、戛洒糖厂厂长，在担任糖厂厂长时，褚时健展现了企业经营管理才能，他带领糖厂扭亏为盈，令人刮目相看。

1979年10月，褚时健担任玉溪卷烟厂厂长。虽然已年过半百，他却开启了另外一段大起大落的人生旅程。褚时健在玉溪卷烟厂17年，为国家创造的利税高达991亿元，加上红塔山的品牌价值400多亿元（其他品牌价值没有评估），为国家贡献的利税至少有1400亿元。他带领玉溪卷烟厂从一个不为人知的小厂，一跃成为亚洲第一、世界第三的国际著名烟草企业集团。褚时健进入玉溪卷烟厂之前，对于烟草行业一无所知，但后来却能取得如此成就，充分体现了他在企业经营管理方面出类拔萃的才能。1994年，褚时健当选为全国"十大改革风云人物"，并被誉为"中国烟草大王"。

1995—2001年，褚时健处于人生低谷，但他依然老骥伏枥，开启人生新征途。2002年，74岁的褚时健与妻子在玉溪市新平县哀牢山承包荒山种橙，开始了他人生中的第二次创业。2008年的最后一天，云南当地媒体发布的"改革开放30年影响云南30位人物"中，褚时健排名第五。这是对他过去所做贡献的肯定。

2012年11月，褚时健种植的褚橙通过电商开始售卖。褚橙品质优良，常被销售一空。因为褚时健的人生经历，所以褚橙也被称为"励志橙"，他被誉为"中国橙王"。2012年，褚时健当选云南省民族商会名誉理事长。2014年12月18日，他荣获由人民网主办的"第九届人民企业社会责任奖特别致敬人物奖"。2018年1月，经过考察，褚时健将褚橙产业交给了儿子褚一斌，在踏入90岁之际完成了交接班。

2019年3月5日，褚时健在云南玉溪逝世，享年91岁，走完了他传奇的一生。从"中国烟草大王"到"中国橙王"，褚时健74岁时再次成功创业，不愧为当代企业家的励志榜样。

财富与成功没有穷尽，而生命却有终点。一个人的健康、事业、家庭和生活是相互作用的，能在它们之间寻找到平衡点才是真正的成功者。因此，企业家要注意劳逸结合，养成健康的饮食习惯，坚持锻炼身体，才能保持良好的精神状态，在事业和生活上收获更多。

参 考 文 献

[1] 罗伯特·F.埃贝尔,阿尔伯特·N.林克.企业家精神理论史[M].熊越,译.桂林:广西师范大学出版社,2023.

[2] 戴维·兰德斯,乔尔·莫克,威廉·鲍莫尔.历史上的企业家精神:从古代美索不达米亚到现代[M].姜井勇,译.北京:中信出版社,2016.

[3] 路德维希·冯·米塞斯.人的行为[M].夏道平,译.上海:上海社会科学出版社,2015.

[4] 丁栋虹.企业家精神——全球价值的道商解析[M].上海:复旦大学出版社,2015.

[5] 威廉·鲍莫尔.企业家精神[M].孙智君,译.武汉:武汉大学出版社,2010.

[6] Bolden R, Gosling J, Marturano A, et al. A Review of Leadership Theory and Competency Frameworks[R].UK:Centre for Leadership Studies University of Exeter, 2003.

[7] Müller R, Turner J R. Project-oriented Leadership[M]. England: Gower Publishing Limited, 2010.

[8] Dulewicz V, Higgs M J. Leadership at the Top: The Need for Emotional Intelligence in Organizations[J]. International Journal of Organizational Analysis, 2003(3): 193-210.

[9] Kouzes J M, Posner B Z. The Leadership Challenge[M]. San Francisco: John Wiley & Sons Inc., 2007.

[10] 奚洁人,郑金洲,于洪生.中国领导学研究20年[M].上海:华东师范大学出版社,2007.

[11] 樊景立,郑伯埙.华人组织的家长式领导———一项文化观点的分析[J].本土心理学研究,2000(13):127-180.

[12] 杨思卓.六维领导力[M].北京:北京大学出版社,2008.

[13] 李兰.企业家精神:2009·中国企业家成长与发展报告[M].北京:中国人民大学出版社,2009.

[14] Gallo F T. Business Leadership in China: How to Blend Best Western Practices with Chinese Wisdom[M]. Singapore: Saik Wah Press, 2008.

[15] Hejazi S A M, Maleki M M, Naeiji M J. Designing as Cale for Measuring Entrepreneurial Leadership in SMEs, International Conference on Economic Marking and Management[M]. Singapore: LACSIT press, 2012.

[16] 谭智颖.企业家领导力[M].北京:经济管理出版社,2018.

后 记

　　本书的创作动因缘于本人长期从事与企业相关的工作，所以一直关注对企业发展具有决定性影响的企业家群体。当今世界正经历百年未有之大变局，近年来中西方的摩擦冲突增加，西方国家对中国实行技术封锁并打压中国企业。这种情况再次提醒我们，科技是有国界的，企业也是有国界的，企业家更是有祖国的。这更增强了本人创作本书的动力。

　　在创作本书的过程中，最触动笔者的企业家是华为公司创始人任正非。从艰辛创业到企业被西方打压，从负债、迷茫到重度抑郁，再到两次患癌，甚至孟晚舟被加拿大无理拘押，任正非和他领导下的华为都坚强地挺过来了。今天的华为更是中国企业中的一颗璀璨明星。虽历经坎坷与磨难，但任正非无愧于心，正如他在《我的父亲母亲》一文中所言："回顾我自己已走过的路，扪心自问，我一生无愧于祖国，无愧于人民，无愧于事业与员工。"任正非无疑是改革开放以来最伟大的民营企业家之一。

　　2015年9月2日，习近平总书记在颁发"中国人民抗日战争胜利70周年"纪念章仪式上讲话时说："一个有希望的民族不能没有英雄，一个有前途的国家不能没有先锋。"华为是改革开放后发展起来的中国民营企业的一个榜样，是中国高科技企业的一面旗帜。任正非就是新时代中国企业家中的英雄、先锋和榜样！

　　"数风流人物，还看今朝"。

　　书中借鉴、参考了大量文献资料，未能如数列出，谨此向这些作者表达衷心的歉意和感谢。

谭智颖
2024年3月